한국외국어대학교 국제지역연구센터
HK+국가전략사업단 지역인문학 총서 ❾

북방연구 시리즈: 우리에게 북방은 무엇인가

커넥트,
중앙아시아!

한반도와 중앙아시아 역사 속
문화적 접점을 찾아서

이광태

현 한국외국어대학교 국제지역연구센터 HK+국가전략사업단 연구교수
서울대학교 노어노문학과 학사, 서울대학교 동양사학과 석사,
미국 인디애나 대학교 중앙유라시아학과에서 19세기 중앙아시아 역사를 주제로 박사학위 받음.
역서로는 『신장의 역사: 유라시아의 교차로』 등.
논문으로는 「현대 우즈베키스탄의 18-19세기에 대한 역사 관점과 민족 정체성 확립」, 「19세기 초중엽 중앙아시아 정치 환경 변화와 부하라-히바 관계」 등 다수.

E-mail: keunbit@gmail.com

커넥트, 중앙아시아!
한반도와 중앙아시아 역사 속 문화적 접점을 찾아서

초판인쇄 2021년 12월 21일
초판발행 2021년 12월 21일

지은이 이광태
펴낸이 채종준
펴낸곳 한국학술정보㈜
주 소 경기도 파주시 회동길 230(문발동)
전 화 031) 908-3181(대표)
팩 스 031) 908-3189
홈페이지 http://ebook.kstudy.com
E-mail 출판사업부 publish@kstudy.com
출판신고 2003년 9월25일 제406-2003-000012호

ISBN 979-11-6801-320-9 94340
ISBN(세트) 979-11-6801-311-7 (전 10권)

한국외국어대학교 국제지역연구센터 ⑨
HK+국가전략사업단 지역인문학 총서

북방연구 시리즈: 우리에게 북방은 무엇인가

커넥트,
중앙아시아!
한반도와 중앙아시아 역사 속
문화적 접점을 찾아서

이광태 지음

본서는 2021년 7월 4일부터 8월 23일까지 8주에 걸쳐 매주 화요일 디지털타임스에 연재된 글들을 정리한 것임을 밝힙니다.

이 책은 2020년 대한민국 교육부와 한국연구재단의 지원을 받아 수행된 연구임(NRF-2020S1A6A3A04064633)

북방연구 시리즈:
우리에게 북방은 무엇인가?

　본 북방연구 시리즈는 한국외국어대학교 국제지역연구센터 HK+국가전략사업단의 "초국적 협력과 소통의 모색: 통일 환경 조성을 위한 북방 문화 접점 확인과 문화 허브의 구축"이라는 아젠다의 2년차 연구 성과를 담고 있다. 총 10권의 책들로 구성되어 있는 시리즈는 아젠다 소주제의 하나인 '우리에게 북방은 무엇인가'라는 질문에 대한 연구진의 답변으로, 2021년 한 해 동안 일간 디지털타임스에 매주 '북방문화와 맥을 잇다'라는 주제로 연재됐던 칼럼들을 기초로 작성되었으며 아래 세 가지에 주안점을 두고 집필하였다.

　첫째, 간결하고 평이한 문체를 사용하고자 노력하였다. 사업단의 연구내용을 관련 분야에 종사하는 연구자 및 전문가는 물론 일반대중과 학생들도 쉽게 읽고 이해할 수 있기를 바란다.

둘째, '우리에게 북방은 무엇인가?'라는 질문에 답하는 과정에서 가능한 다양한 시각을 포괄하고자 노력하였다. 정치와 외교, 국가전략, 지리, 역사, 문화 등 다양한 입장에서 살펴본 북방의 의미를 독자 대중이 쉽게 이해할 수 있기를 바란다.

셋째, 통일이라는 목적성을 견지하면서 북방과의 초국적 협력 및 소통이 종국적으로 한반도와 통일 환경에 미칠 영향에 대해 다양한 시각으로 접근하였다.

통일은 남과 북의 합의는 물론 주변국과 국제사회의 협력이 필수적인 지극히 국제적인 문제다. 그리고 북방과의 관계 진전은 성공적인 통일 환경 조성에 필수적 요소다. 본 시리즈가 북방과의 초국적 협력을 통한 한반도 통일 환경 조성에 미약하나마 기여할 수 있기를 기대한다.

2021년 12월
집필진을 대표하여
HK+국가전략사업단장 강준영

목차

01

'중앙유라시아 문화복합체론'과
한반도 - 북방 고대사 속
문화 접점들

이 책은 2021년 국내 일간지 디지털타임스의 특집 기획 "북방 문화와 맥을 잇다" 칼럼시리즈의 네 번째 이야기였던 "중앙아시아 : 과거에서 미래로"의 8편 중 7편을 재구성한 것이다. 중앙아시아 역사에 관해 익숙하지 않은 일반독자들을 대상으로 고대사부터 시작하여 20세기 초반까지 중앙아시아와 한반도의 역사 속에서 문화적으로 어떠한 공통된 경험을 공유해왔는지 소개하고자 했다.

 이 책에서 사용한 '중앙아시아'라는 용어의 정의에 관해 미리 언급할 필요가 있을 것 같다. 우리나라 학계뿐 아니라 대중들 가운데 '중앙아시아'를 말할 때 크게 두 가지 정의가 혼용되는 추세이다. 먼저 역사학적인 용어로 '중앙아시아'는 유라시아 대륙 중부와 북부에 걸쳐 펼쳐진 초원과 사막 그리고 그 인근 지대를 통틀어 일컫는 말로 흔히 사용된다. 그러나 정치학적으로는 보다 좁은 의미에서 현재 중앙아시아 5개 독립국(우즈베키스탄 공화국, 카자흐스탄 공화국, 키르기즈 공화국, 타지키스탄 공화국, 투르크메니스탄)이 위치한 지역을 가리키는 경우가 많다. 필자는 전자의 경우 '중앙아시아' 보다는 '중앙유라시아'라는 용어가 혼동의 여지를 줄인다고 생각하고 이를 적극 활용했다. 그러나 본문에서 설명했듯 문화적인 측면에서 '중앙아시아'와 '중앙유라시아'를 나누는 것은 큰 의미가 없다고 생각한다. 실제 좁은 의미의 '중앙아시아' 역시 지리학적으로 보면 '중앙유라시아'의 일부이기도 할 뿐더러 '중앙유라시아' 문화 형성에 핵심적인 역할을 해왔기 때문이다.

'중앙아시아'의 역사는 생각보다 우리의 관념체계 형성에 적지 않은 영향을 미쳤다. 그리고 앞으로도 중앙아시아와 한반도의 연결 고리를 하나하나씩 발견해가면서, 우리의 세계관도 넓어지고 바뀌어 갈 것이라고 믿는다. 이 책을 통해 독자들이 중앙아시아를 더욱 이해하고 그 중요성을 느꼈으면 하는 바람이다.

■ 우리 민족의 뿌리를 찾는 노력

최근 우리 민족의 뿌리를 찾고자 하는 노력이 계속되고 있다. 많은 학자들이 주제를 해결하기 위해 다양한 학술, 과학적 방법을 동원하여 연구를 진행해 왔다. 예를 들어 고고학자들은 '빗살무늬토기'를 들어 한반

도의 문화가 중국과 무관할 뿐 아니라 오히려 시베리
아 문명과 연계되어 있다고 본다. 고대 신라 시대에
대거 조성된 목관 위에 돌을 쌓아 만든 적석목곽묘(積
石木槨墓)를 두고 흑해 북안에서 비롯하여 중앙유라시
아 곳곳에서 발견되는 쿠르간(Kurgan) 문화의 영향이
한반도까지 미친 것은 아닌가 추정하는 학자도 있다.
일본의 요시미즈 쓰네요(由水常雄) 같은 이는 신라의
장신구나 황금 제품 등을 분석하여 그리스-로마 문화
의 직접적인 영향이 보인다고 주장하기도 한다.

최근 학계에서 주목받는 또 다른 접근법은 유전학을
통한 연구들이다. 인간의 Y염색체와 미토콘드리아 DNA
를 분석하여 유사한 유전자를 가진 집단을 추적하는 방
식이다. 예를 들어 동양인, 즉 몽골로이드가 갖는 독특
한 ab(3)st라는 돌연변이 감마 유전자를 분석해보면, 몽
골초원 북부 바이칼 호수 근처 야쿠트(Yakut)나 부리야
트(Buryat)인들과 한국인의 DNA가 거의 같다고 한다. 이
를 근거로 한국인의 뿌리를 바이칼 호수 근처로 보기도
한다.

반면에 유사한 방식으로 전혀 반대의 결과가 나오기
도 한다. 어떤 학자들은 Y염색체의 돌연변이를 분석해
보니 북방보다는 동남아시아 쪽 유전자를 한민족이 다

량 보유하고 있다고 주장한다. 한국 민족의 뿌리를 남방에서 찾는 이들 가운데 언어학자들도 있다. 한국어와 남인도 드라비다어(Dravida語/Dravidian) 또는 타밀어(Tamil語) 사이 언어문화적 상관성이 있다는 주장이다. 벼농사와 녹차의 기원을 추적하면서 남방기원설을 지지하기도 한다. 특히 『삼국유사』에 등장하는 '인도 출신'이라고 하는 허황옥(許黃玉)과 김수로왕(金首露王)의 결혼 이야기나, 처용설화를 통해 한반도와 남방 문화와의 교류를 재구성해보려는 노력도 있다.

필자는 역사학자로서 이러한 다양한 과학 분야의 노력에 경의를 표하면서도, 단순히 '우리 민족의 뿌리가 어디인가'를 찾는 것이 과연 역사적으로 어떤 의미가 있을까 하는 생각이 든다. 그보다는 우리 민족이 한반도에 고립되어 있었던 것이 아니라 얼마나 유라시아 문화·문명의 주류와 연결되고 교류해왔는지 발견하는 것이 중요하다고 생각한다. 이러한 측면에서 필자가 전공하고 있는 중앙유라시아-북방 지역에서 근래 제기된 새로운 문화 이론인 '중앙유라시아 문화 복합체론'을 소개하고, 우리 민족이 문화적으로 어떻게 이 세계적인 문화의 흐름에 소속되어 있었는지 살펴보고자 한다.

■ '중앙유라시아 문화 복합체'란?

'중앙유라시아 문화 복합체(Central-Eurasian Culture Complex)'
라는 개념은 미국의 크리스토퍼 벡위드(Christopher Beckwith)
가 2009년 프린스턴 대학 출판사에서 출간된『실크로드의 제
국들(The Empires of the Silk Road)』(우리나라에서는
『중앙유라시아 세계사 : 프랑스에서 고구려까지』라는 제
목으로 출간)라는 책에서 제기한 이론이다. 이 도서는 같
은 해 미국 출판협회(AAP) 세계사 및 전기/자서전 부문
우수 전문 및 학술도서로 선정되었을 만큼 미국에서 높
은 평가를 받았다. 저자인 벡위드 교수는 필자가 박사
과정을 마친 인디애나 대학(Indiana University) 중앙유라
시아학과(Central Eurasian Studies) 교수 중의 한 명이다.
같은 학과였지만 벡위드 교수가 언어학 전공이었기 때
문에 역사학 전공이었던 필자가 벡위드 교수 수업을 수
강할 기회는 없었다. 하지만 캠퍼스에서 가끔씩 마주칠
때마다 벡위드 교수는 수업이 끝나도 강의실 복도에서 학
생들과 열렬히 토론을 나누던 열정적인 모습의 소유자
였다. 사실 사학 전공자인 필자는 벡위드 교수가 사용하
는 역사언어학적 접근법에 상당한 거부감을 갖고 있었
다. 특히 그가 2004년 출간한『고구려어, 일본어의 대륙
적 친족어(Koguryo, The Language of Japan's Continental

Relatives)』가 많은 문제점을 보이며 학계의 적지 않은 비판을 받았기 때문에, 필자는 평소 다소 색안경을 끼고 그의 연구를 바라보았던 것도 사실이다.

그런데 필자가 박사과정을 마치고 귀국한 뒤 한반도와 북방문화의 연결고리에 천착하면서, 벡위드 교수의 『실크로드의 제국들』이 갖는 단점보다는 장점에 주목하게 되었다. 벡위드 교수는 탁월한 언어학적 지식을 활용하여 세계 각지의 고전 텍스트를 분석하고, 그것을 바탕으로 이른바 '중앙유라시아 문화복합체(Central Eurasian Culture Complex)'를 설정한다. 그에 따르면 '중앙유라시아 문화 복합체'의 문화적 원형 가운데 크게 두 가지가 세계 여러 문명에 공통적으로 발견된다. 첫째, 각 집단의 건국설화에 보이는 보편적 구조, 그리고 둘째, 군주와 그의 맹우(盟友) 집단의 운용이다.

■ 유라시아 각국 건국설화의 공통된 모티프들

사실 건국설화의 모티프(motif)에 대해서 이미 많은 연구자들이 그 중요성을 인식하고 상호 비교분석을 해왔다. 그러나 벡위드 교수만큼 유라시아 전체를 아우르는 스케일을 보인 적은 없었다. 군주와 피의 맹세로 뭉쳐진 전우들의 집단이 사회제도화 되었다는 주장도 이

전에 알려지지 않은 매우 참신한 주장이다. 무엇보다 그는 중앙유라시아 초원에서 생성된 고도의 문화 복합체가 유럽, 중동 및 아시아 각지의 문명보다 시대적으로 앞설 뿐 아니라 그 발전을 견인하는 역할을 했다고 주장한다.

흥미로운 것은 벡위드 교수가 주창한 '중앙유라시아 문화복합체'에 우리 민족도 중요한 일부분이었다는 증거가 발견된다는 사실이다. 먼저 벡위드가 주장한 건국설화의 보편적 구조에 관해 살펴보면, 그는 세계 각지의 건국설화를 관통하는 12가지 핵심요소를 지적한다. 각 민족의 창시자들은 대체로 하늘의 신과 강의 여신, 혹은 강의 신의 딸이 혼인하여 태어나는 등 신비한 출생과정을 가진 것으로 묘사된다. 그렇게 태어난 아이는 불의한 왕의 음모로 죽음의 위기에 놓이나 야생 짐승의 보호를 받아 구조되고, 이후 자라서 말타기와 활쏘기의 달인이 된다. 불의한 왕의 휘하에서 고난을 겪으나, 결국 충성스러운 부하들을 규합하여 불의한 왕을 무너뜨리고 왕권을 확보한다. 이러한 서사구조는 그리스-로마, 페르시아, 스키타이 및 흉노 제국뿐만 아니라 오손, 돌궐, 그리고 중국의 주(周)나라에도 공통적으로 나타난다.

벡위드는 우리 민족, 특히 고구려의 건국 설화에 주목하고 있다. 『삼국사기(三國史記)』에 보이는 고구려나 『논형(論衡)』에 보이는 부여(扶餘) - 혹은 고구려의 전신 격인 졸본(卒本) 또는 홀본부여(忽本扶餘) - 의 건국 신화 역시 '중앙유라시아 문화복합체'의 건국 모티프가 잘 드러난다. 우리가 익히 잘 알고 있는 동명성왕 주몽의 탄생설화는 난생(卵生) 부분을 제외하면 하늘의 신(해모수)와 강의 신(하백의 딸 유화)의 결합, 야생동물들의 보호를 받는 점, 주몽이 백발백중의 활쏘기 실력을 가졌던 점, 신령한 힘의 도움으로 살해 위협을 빠져나와 왕국을 창립한 점 등 앞에서 언급한 중앙유라시아 문화복합체의 건국설화적 특징을 고스란히 지니고 있다.

■ 코미타투스 : 주군을 지키기로 맹세한 친우 집단

한편 벡위드가 언급한 유라시아 사회에 보편적으로 나타나는 정치 문화적 현상의 두 번째 요소는 군주와 그를 둘러싼 맹우(盟友) 집단의 존재이다. 벡위드는 로마 역사가 타키투스(Tacitus)가 『게르마니아(Germania)』에서 언급한 '코미타투스(Comitatus)'라는 용어를 사용하여 군주의 친위집단을 지칭하는데, "사회정치적-종교

사진 1. 피를 잔에 떨어뜨려 함께 나눠 마시는 스키타
이 전사들을 그린 금장식 묘사도 (출처 : 위키미디아)

적 이상형으로서의 영웅적 군주와 목숨을 걸고 주군을
지키기로 맹세한 주군의 친구들로 구성된 전투 부대"
로 이를 정의한다. 그리고 손가락을 베어 피를 잔에 떨
어뜨려 함께 마시는 스키타이의 서약 풍습이나 한 사
람이 죽으면 함께 죽음을 택한 순장(殉葬)의 관습 등을
같은 맥락에서 바라보았다. 벡위드는 이러한 풍습이 히
타이트, 페르시아, 스키타이, 중앙아시아, 흉노, 게르만,

고구려, 일본, 투르크, 소그드, 티벳, 러시아(루스), 거란, 몽골 등 곳곳에서 발견될 뿐 아니라 중앙아시아 투르크족이 정치적으로 두각을 나타난 이슬람 압바스 칼리프조에서도 중요한 정치제도로 정착하게 되었다고 지적한다. 단지 중국에서는 그 형태를 발견할 수 없었다고 한다.

그런데 '한날 한시에 함께 죽음을 맹세한다'는 문구는 우리에게는 매우 친숙한 것처럼 들린다. 다름 아닌 유비, 관우, 장비의 『삼국지』의 도원결의에서 나오는 문구이기 때문이다. 물론 우리가 익히 알고 있는 '도원결의'의 장면은 명(明) 나라 시대 나관중(羅貫中)이 쓴 소설 『삼국지연의(三國志演義)』에서 극화된 것이다. 하지만 삼국 시대 직후인 서진(西晉) 시기 진수(陳壽)가 편찬한 정사(正史) 『삼국지』에도 유비, 관우, 장비의 맹약(盟約)은 사실로 확인된다. 예를 들어 유비가 관우, 장비와 "한 침상에서 잠을 잤고 형제에게 하듯 은혜를 베풀었다"는 기록이나 관우와 장비가 유비를 위해 "사람을 움직여 자리를 만들었으며 하루종일 시종을 들며 서있었고, 유비를 따라 돌아다니되 어려움을 피하지 않았다"는 기록은 앞서 언급한 '코미타투스' 즉 맹우(盟友)를 연상시킨다. 특히 관우가 일시적으로 조조의 휘하에 있었을 때 유비의 "깊은 은덕을 받았고 함께 죽기를 맹세하여 그것을 저버릴 수 없다"는 고백은 전형적인 중앙유라시아의 '코미타투스'의 모습이다.

스키타이의 풍습처럼 피를 나누어 마시는 혈맹의 서약 역시 한나라 시기 중국에서 성행했다. 사마천의『사기』에 따르면 한 고조 유방(劉邦)이 그의 부하들과 함께 흰 말을 베어 그 피를 나누어 마시며 유씨 이외 다른 성씨가 왕위에 오르면 함께 힘을 합쳐 공격하도록 약조를 맺었다고 한다. 같은 방식으로 한나라 사신단과 흉노 호한야(呼韓邪) 선우(單于)가 동맹조약을 맺을 때 백마의 피를 나누어 마셨다. 이 때에 쓰인 음료잔은 다름아닌 흉노의 공격을 받아 죽음을 맞이한 월지(月氏) 왕의 두개골로 만든 잔이었다. 얼핏 보면 스키타이나 흉노의 풍습으로 보이는 것들이 중국 문화의 정수로 여겨지는 한나라 시기 정치 관습에서 발견되는 것은 매우 흥미롭다.

군주의 맹우로서 항상 곁에서 동거동락하던 심복의 존재는 고구려 건국설화에서도 발견된다.『삼국사기』에 기록된 대로, 고구려의 창시자 주몽이 동부여를 탈출할 때 그의 벗 오이(烏伊), 마리(摩離), 협부(陝父)와 함께 탈출한 것은 잘 알려져 있다. 또한 동부여에 남겨진 주몽의 아들 유리(類利)가 그의 아버지가 징표로 남긴 부러진 검의 일부분을 들고 고구려로 떠날 때 동행한 옥지(屋智), 구추(句鄒), 도행(都行) 역시 생사고락을 약속한 맹우들이었다.

신라시대 화랑도 이러한 코미타투스, 즉 맹우 집단과 다르지 않다. 신라 진흥왕 또는 진평왕 시기에 작성된 것으로 보이는 임신서기석(壬申誓記石)의 신라 화랑들은 앞서 한 해 전에 이미 학업에 전념하기로 '맹세'하고도 또 3년 이후 충도(忠道)를 행할 것을 또다시 '맹세'하고 있다. 이들 화랑이 누구였는지, 과연 이들의 맹세가 실현되었는지 기록이 없어 알 수 없지만, 하늘 앞에서 맹세하고 이를 돌에 새기던 젊은 전사들의 친우 집단은 유라시아 대륙을 관통하던 사회적 풍습이었다.

우리 민족은 건국설화 뿐 아니라 군주의 맹우라는 사회-문화적 제도가 있었다는 측면에서 '중앙유라시아 문화복합체'의 일원이었음을 확인할 수 있다. 벡위드의 연구는 한반도가 '북방문화'와 깊이 연관되어 있을 뿐 아니라 이를 통해 세계 역사와도 잇닿아 있었다는 사실을 설명하는 인식의 틀을 제공한다는 점에서 중요한 의의가 있다. 앞으로 '중앙유라시아 문화복합

체' 이론을 넘어서는 어떠한 역사·사회 이론이 나타
날지라도 중앙유라시아－북방 지역을 통해 구성된 인
류 문명과 우리 민족의 문화가 밀접히 연결되어 있었
다는 사실은 변함없을 것이다.

02

중앙유라시아 고유의 '인질 외교'

한반도와 북방 지역의 문화적 접점을 찾기 위해서는 중앙유라시아 전체에 공통된 관습과 풍습을 이해하는 것이 필수적이다. 중앙유라시아인들의 관념 속에서 중요한 의미를 갖는 사회적 행위들이 집단적으로 인정받고 공유되면서 독특한 관습·풍습을 만들었기 때문이다. 2장과 3장에는 그간 심각하게 다루어지지 않았던 중앙유라시아의 사회·문화적 관습 가운데 정치적으로 중요한 의미를 갖게 된 것들을 이야기하고자 한다. 이중 정치 관행 내지는 제도화에 이른 것들은 한반도의 우리 민족에까지 적지 않은 영향을 미쳤다. 이번 장에서는 먼저 중앙유라시아의 외교 관습인 '인질 외교'에 관해 살펴보도록 하겠다.

■ 중앙유라시아 여러 지역에서 보이는 '인질 외교'

　　'북방' 지역, 즉 중앙유라시아 지역을 생각해보면 다

른 정주문명 지역에 비해 '야만적'이라든가 아니면 문화적으로 뒤처지는 것은 아닌가 오해할 때가 있다. 그러나 중앙유라시아 만의 독특한 문화적 산물이나 사회제도에 관해 아직 연구가 미진할 뿐 함부로 그들의 문화가 없었다던가 열등했다던가 평할 수 있는 단계가 아니다. 필자는 이러한 중앙유라시아 사회를 관통하면서 세계사에 영향을 미친 사회 제도나 관습, 특히 정치제도를 분석하던 중 중앙유라시아의 독특한 '인질 외교'에 주목하게 되었다.

우리가 세계사에서 국제관계를 언급할 때 지역 단위의 국제 질서와 국가 관계를 규정하는 규범이나 규칙들을 떠올리게 된다. 현대적인 국제관계는 16세기 후반부터 유럽에서 형성된 "병립하는 국가가 대등한 자격으로 일정한 상호관계를 유지하는 '국제사회'라는 질서"를 갖춘 데서 비롯되었다는 것은 잘 알려진 사실이다. 이 때 국가간의 관계는 국가 주권 개념, 국제법 원리, 그리고 세력균형 정책 등의 관념에 기반을 둔다.

동아시아에서는 이른바 '조공체제' 혹은 '책봉체제'라는 관습을 통해 국가간 외교관계가 구성되어 있었다는 것이 학계의 대체적인 의견인 것 같다. '중국'이라는 초강대국을 세계의 중심으로 규정한 '화이질서'에 주변국들은 동의하든 동의하지 않든 '조공체제'라는 게임의 룰에 따라 그들의 상호관계를 풀어갔다.

서아시아에서는 알라와 무함마드의 말씀에 '순종'하는 '이슬람의 세계' 즉 다르 알 이슬람(Dār al-Islām; 직역하면 '이슬람의 집')과 비이슬람적 세계 또는 '전쟁의 세계' 즉 다르 알 하르브(Dār al-Ḥarb)의 구분이 외교 관계의 기본개념이었다고 학자들은 보고 있다.

그렇다면 중국, 인도－페르시아－아랍, 그리고 유럽의 문명권을 제외한 나머지 유라시아 대륙 전체에 해당하는 중앙유라시아, 즉 북방 지역에서는 어떠한 외교적 질서가 존재했던 것일까? 역사 자료를 살펴보면 중앙유라시아 국가들 사이 '질자(質子)' 즉 군주의 아들을 인질로 삼는 방법을 통해 외교 관계를 유지했던 것으로 보인다.

'인질 외교'는 중앙유라시아 고유의 정치구조에서 비롯되었다. 창업군주의 씨족이 중핵이 되어서 인근 씨족들과 연합하고 이어 언어나 문화가 비슷한 인근 부족을 규합한 결과 유목국가가 출현한다. 지배 씨족 혹은 부족은 보호와 부(富)의 분배를 제공하고, 동맹 씨족과 부족은 군사 협조를 제공하는 것이다. 이 과정에서 씨족과 씨족 사이, 부족과 부족 사이에는 정치적인 약속이 맺어지는데, 이를 담보할 수단이 바로 씨족이나 부족의 자녀를 인질로 잡는 것이었다.

또 다른 '인질 외교'의 조건은 중앙유라시아 초원의 특성에서 발견할 수 있다. 초원 유목 생활을 기반으로 형성된 정치 집단들은 언제든 이동할 수가 있었기 때문이다. 물론 유목 집단이라도 여름의 하영지와 겨울의 동영지가 대체로 정해져 있는 경우가 많았다. 그러나 전쟁이 발발하거나 타국의 핍박을 받을 경우 이들은 언제든지 자신들의 옛 땅을 버리고 다른 곳으로 이동할 수 있었다. 이 때문에 헤게모니를 장악한 정치 집단은 다른 집단의 정치적 복속을 보장하기 위해 무엇보다 지도자의 자녀를 인질로 잡아 갑작스레 타지로 이주하는 것에 대비했다.

한편 중앙유라시아 국가의 군주들은 예하 씨족, 부족들의 충성심을 항상 의심의 눈초리로 보았다. 동맹이라고 하지만 일종의 계약 관계였기 때문에 언제든 반란을 일으키나 이합집산을 통해 새로운 정치 질서를 추구할 수 있었기 때문이다. 따라서 유목 국가의 군주는 유력 씨족이나 부족에 의지하지 않고, 독자적인 친위조직을 구축하려 했다. 그러한 측면에서 인질로 보내온 타국의 왕자나 귀족 자제를 측근에 두고 주야간 자신을 경계하는 숙위(宿衛)로 삼는 경우가 많았다.

　이러한 '인질 외교'의 예는 사마천의 『사기(史記)』를 포함한 역사서에서 쉽게 발견할 수 있다. 무엇보다 '인질 외교'의 실체가 가장 잘 묘사된 것은 중앙유라시아의 두 국가 흉노(匈奴)와 월지(月氏)의 패권 투쟁 과정에서였다. 흉노의 군주였던 선우(單于)가 새로운 왕비를 통해 왕자를 얻자, 묵특(冒頓)이라는 큰 아들을 적국이었던 월지에 볼모로 보낸다. 그리고 전쟁을 일으켜 월지의 손에 그를 제거하려 한다. 그러나 묵특은 월지를 탈출하여 흉노로 돌아와 아버지를 죽이고 스스로 선우(單于)가 된다. 그 후 자신을 볼모로 삼았던 월지를 공격하여 패배시킨다.

　한편 흉노와의 패권 다툼에서 패퇴한 월지(月氏)는 파미르 고원을 넘어 중앙아시아 지역으로 이주하지만, 그곳에서 '인질 외교'를 이어간다. 오늘날 아프가니스탄과 인도 북부를 장악하여 쿠샨(Kushan) 제국을 건설하고 주변국에 영향력을 행사했기 때문이다. 당나라의 구법승 현장(玄奘)의 여행기 『대당서역기(大唐西域記)』에 따르면 쿠샨 제국의 카니슈카(Kansihka) 1세의 위세가 지금의 중국 신장(新疆) 지역에서 황하(黃河) 이서까지 이르렀고, 이 지역 대부분 국가에서 왕자들을 쿠샨 조정에 볼모로 보냈다고 한다.

중앙유라시아의 '인질 외교'의 관습은 인근 정주 국가, 특히 중국에도 전해졌다. 『사기』에 따르면 연(燕)나라의 장수 진개(秦開)가 호(胡)로 명명된 북방 민족에 인질로 잡혀있었다. 나중에 귀국한 이후에는 병력을 동원하여 동호(東胡)를 공격하여 영토를 확장한다. 인근 조(趙)나라 역시 중앙유라시아 민족들과 외교 관계를 통해 '인질 외교'를 받아들여 훗날 진(秦)나라 장양왕(莊襄王)이 된 왕자 이인(異人)을 볼모로 삼기도 했다.

중앙유라시아의 민족들이 북중국을 장악하던 오호십육국－남북조 시기를 지나 건국된 당나라 조정에서는 적극 중앙유라시아 문화를 받아들였고 그에 따라 '인질 외교' 풍습도 시행되었다. 당나라 태종은 돌궐(突厥) 제국을 멸망시키고 스스로 천가한(天可汗)을 자칭하면서 많은 돌궐 부족의 수령들을 자신의 '숙위'로 삼았다. 이러한 당나라 조정의 '인질 외교'에 신라도 참여하지 않을 수 없었다. 『삼국사기』에 따르면 신라 무열왕의 아들이자 문무왕의 동생이었던 김인문(金仁問)과 김문왕(金文王) 등 왕자들이 사찬(沙湌) 유돈(儒敦) 등 귀족들과 함께 당나라 황제의 '숙위'로 복무했다.

몽골제국 시기는 이러한 인질－숙위(宿衛) 제도가 가

장 발달한 시기였다. 각국의 왕자나 유력 왕족을 케식(Keshig)이라고 불리는 몽골 군주의 친위대로 삼았다. 케식 집단에서 이들 왕자나 왕족들은 특별한 교육을 통해 몽골의 습속을 익히고 몽골 군주와 친밀한 유대관계를 맺음으로써 나중에 귀국해서 친몽골계가 되는 결과를 낳았다.

이러한 '인질 외교'의 풍습은 몽골제국 이후 중앙유라시아 전통을 받아들인 유라시아 곳곳에서 계속되었다. 그 가운데는 터키의 전신인 오스만 제국도 포함된다. 예를 들어 오스만에 복속한 몰다비아(Moldavia) 공국의 왕자 디미트리예 칸테미르(Dimitrie Cantemir)는 1688년 15세의 나이로 이스탄불에 볼모로 보내졌다. 그는 그곳에서 그리스 정교회 소속 아카데미에서 수학했을 뿐 아니라 저명한 오스만 학자들에게서 오스만투르크어, 아랍어, 쿠란 강독을 통한 이슬람 신학을 배웠다. 그의 운명을 바꾼 사건은 1711년 러시아 표트르 대제의 루마니아 침공이었다. 몰다비아가 신흥세력인 러시아의 편에 서자 오스만 제국은 역습을 펼쳐 몰다비아를 점령했고, 그 결과 몰다비아의 왕자인 칸테미르는 러시아로 망명해야 했다. 하지만 그는 오스만 제국 수도에서 쌓은 무슬림 세계에 대한 학식과 경험을 바탕으로 유럽 사회에 학자로 이름을 떨쳤다. 1714년 베를린 학술원의 회원이 되었고, 그가 출판한 일련의 저작물은 몰다비아, 루마니아 뿐 아니라 오스만 사회에 대한 유럽 지식인들의 인식을 일깨웠다.

■ 환대받은 볼모들의 외교의 장이었던 '인질 외교'

그런데 이렇게 중앙아시아 곳곳에서 지속된 '인질 외교'는 단순히 강한 나라가 약한 나라의 왕족이나 귀족을 인질로 잡고 있었다는 단순한 구도가 아니고 나름의 다이내믹을 갖는 외교술이었다. 먼저 인질을 받은 나라는 볼모로 제공된 왕족이나 귀족의 일원을 극진히 대접했다. 많은 경우 자국의 주요 인사의 딸과 혼인시켰다. 이렇게 인질로 파견된 인사는 인질로 간 나라의 문화를 익혀 그 나라에 친숙해졌다. 특히 군주를 밤낮으로 호위하는 숙위(宿衛)로 삼아 군주에 대한 충성심을 마음 속에 새기도록 했다. 그렇게 해서 인질 생활을 마치고 귀국하는 경우 그 인질은 본국에서 인질로 있었던 나라에 친밀감을 갖거나, 혹은 그렇지 않더라도 어느 정도 동감할 수 있는 여지가 있었다.

반대로 인질을 보낸 나라의 경우에도 다양한 정치적 옵션을 가지고 있었다. 먼저 인질로 보낸 왕자는 일종의 특별대사와 같았다. 그와 강대국 군주 사이 개인적인 친분을 쌓음으로써 강대국 측에 자국의 의사를 적극 피력하고 보다 유화적인 정책이 나오도록 노력했다. 또한 앞에서 언급한 『사기』의 기록에서 볼 수 있듯 약소국의 군주는 자신이 제거하고 싶은 왕자나 또 다른 정치적 유력자를 볼모로 보낸 후 전쟁을 벌여 손쉽게 제거하는 방식을 취할 수 있었다.

이러한 측면에서 우리 민족의 '인질 외교'를 이해할 필요가 있다. 잘 알려진 대로 1259년 오랜 항몽기간을 끝내고 몽골 측에 투항한 이래 고려의 왕자들은 볼모로 몽골 제국에 파견되었다. 그들은 몽골 습속을 받아들였고, 몽골 공주와 혼인은 이러한 몽골화를 가속화했다. 충렬왕의 경우 고려 왕실과 신하들 모두 몽골식 복장을 착용하게 함으로써 우리 민족의 정체성에 흠집을 냈다는 후대의 평가를 받기도 한다.

그러나 몽골조정과의 친밀화가 고려왕실에 해를 끼친 것만은 아니었다. 충렬왕이 몽골 조정을 직접 방문하여 담판함으로써 일본 원정을 위해 고려에 배치된 몽골군과 그간 고려의 국정에 간섭하던 다루가치(Darughachi, 한자어로 達魯花赤)를 철수시켰다는 사실은 주목할만하다. 또한 몽골 측을 설득하여 한반도 서북방에 설치된 몽골직할령이었던 동녕부(東寧府)를 반환받을 수 있었다.

무엇보다 몽골 조정에서 숙위하던 고려왕자들의 몽골 내 정치력이 높아졌다. 고려 원종(元宗)의 지지가 당시 계승 전쟁 중이었던 원 세조 쿠빌라이(Qubilai)에게 정치적 도움이 되었고, 충선왕 역시 계승 과정에서 무종 카이산(Qaishan)을 지지함으로써 그의 즉위를 도왔다. 이렇게 몽골 군주의 부마(駙馬)이자 지지세력으로서 고려왕의 지위는 몽골 제국이 구축한 세계 체제 안에서 고려가 특별 대우를 받는 계기가 되었다. 물론 몽골 군주의 이익에 적극 협력하여 얻어낸 만큼 그 댓가도 적지 않았다. 고려는 몽골의 제후국이라는 지위가 굳어졌고, 몽골 군주의 책봉과 지지없이 고려왕이 독자적으로 통치하는 것은 더 이상 불가능하게 되었다.

우리 민족이 '인질 외교'에 참여하게 된 또 다른 경우는 1637년 병자호란 이후 청의 볼모가 된 소현세자(昭顯世子)의 예에서 발견할 수 있다. 그는 동생인 봉림대군(鳳林大君, 훗날의 효종)과 다른 중직 자제들과 함께 청으로 끌려가 8년간 볼모 생활을 하게 된다. 당시 청의 수도였던 심양(瀋陽)에서 소현세자의 활동을 살펴보면 비록 청의 강압적 요구에 시달리지만, 그가 보인 활동은 일종의 외교관과 다름없었다. 그는 현지 언어를 익히고 청의 몽골 원정에 참여했다. 1644년 청

사진 2. 소현세자가 인질 생활을 한 심양의 청나라 고궁
(출처 : 위키미디아)

나라가 명나라의 수도 북경(北京)을 점령하자 그곳에
도착하여 70여 일 머물렀는데, 거기서 천주교 신부 등

을 통해 서양 문물을 접했다. 무엇보다 청나라에 투옥된 조선 신하들을 보호하려고 애썼다. 또한 조선에 부담이 되는 청나라의 외교적 요구를 완화하기 위해 노력했다.

이렇게 흉노에서 오스만제국, 청나라까지 계속된 '인질 외교'의 풍속은 중앙유라시아 초원 유목국가들의 전통적 외교적 관습으로 유라시아 전역에서 행해졌다. 그리고 우리나라를 비롯한 전세계 역사전개에 적지 않은 영향을 미쳤다. 이렇듯 고유한 외교 관례와 제도를 구축한 중앙유라시아 사회는 '야만적'이지 않았을 뿐 아니라 중국, 이슬람, 서구 문명과는 구별되는 독자적인 정치사회 문화 및 제도를 가지고 있었다는 점은 새롭게 조명될 필요가 있다.

03

매사냥 풍속과 매잡이 재상

2016년 우리나라를 포함한 19개 공동 발의로 유네스코(UNESCO) 세계무형문화유산에 등재된 매사냥(Falconry)은 역사문헌, 회화, 고고학 자료를 보면 중국, 인도, 페르시아, 중앙아시아, 서아시아, 이집트, 유럽 뿐 아니라 우리나라에서도 활발히 행해졌음을 알 수 있다. 특히 군주나 귀족의 특권으로서 매사냥 관습은 13세기 무렵에는 유럽의 십자군 원정과 몽골 제국의 팽창을 통해 유라시아 전역으로 확산되었다. 이러한 매사냥은 특히 중앙유라시아 지역에서 인기가 높았다. 군주나 귀족의 매사냥 애호 풍습과 사냥매 거래는 이 지역 정치 제도 발전에 적지 않은 영향을 미쳤다.

■ 유라시아 곳곳에서 발견되는 매사냥 풍습

매를 길들여 사냥에 이용하는 매사냥(Falconry)은 옛부터 인류가 즐기던 스포츠·레저 활동이었다. 고대 이집트의 호루스(Horus) 신이나 앗시리아 사르곤(Sargon) 2세의 무덤 벽화에서 볼 수 있듯이 매사냥의 역사는 늦어도 기원전 수 세기 경으로 거슬러 올라간다. 그러나 세계 어느 곳보다 매사냥이 활발히 행해졌던 지역은 북방지역, 즉 중앙유라시아의 초원, 사막 및 삼림지대였다. 유목민을 포함한 중앙유라시아의 주민들은 과거 수렵 생활의 습속을 이어받아 사냥, 특히 매사냥을 즐겼다. 이들에게 사냥매는 주위에 자랑할만한 귀중품이자 사치품이었다.

이러한 북방지역의 매사냥 풍습은 유목 국가가 성립되면서 정치 행위로서 의미를 갖기 시작한다. 추운 지방이나 산악지대에서 서식하는 매를 잡아 훈련하고 이를 사냥에 이용하는 것은 고도의 기술을 가진 인력과 물자를 필요로 하는 일이었다. 유목 군주나 귀족들은 더 귀한 품종의, 더 많은 사냥매를 운영하고자 노력했다. 왜냐하면 수백마리의 매로 사냥에 나서는 것 자체가 부와 권위의 상징이었기 때문이다.

엘리트 스포츠로서 매사냥 풍습은 중국, 아랍－페르시아, 유럽 등 인근 정주 문명지대에도 전파되었다. 중국에서는 오호십육국(五胡十六國)－남북조(南北朝) 시기를 거치면서 북방 초원민족이 대거 북중국 지방에 유입되었고, 그에 따라 매사냥 풍습도 함께 수입되었다. 수(隋)·당(唐)제국 시기 매사냥은 귀족들의 중요한 레저활동으로 정착했다.

같은 시기 우리나라의 삼국시대에도 매사냥이 활발히 행해졌다. 집안(集安)에 위치한 고구려 고분 삼실총에서는 매사냥하는 인물의 벽화가 발견되었다. 고구려는 북방 숙신(肅愼), 즉 만주 지방에 거주하던 주민들로부터 매를 공급받았다. 백제의 아신왕(阿莘王; 재위 392~405)이 "매와 말타기를 좋아했다"는 기록이나 신라의 진평왕(眞平王; 재위 579~632)이 "날마다 매와 개를 풀어 꿩과 토끼들을 쫓아 산과 들을 달리기를 그치지 못했다"는 기록도 매사냥 풍습을 증언한다. 538년 백제의 성왕이 사비성으로 천도했을 때 국호를 '매'를 뜻하는 응준(鷹準)으로 개명하는데, 이를 두고 당시 백제가 사냥매를 중시한 증거라고 보는 학자도 있다. 실제 일본에 매사냥 풍습을 전파한 것은 백제의 귀족들이었다.

서아시아에서도 매사냥이 활발히 행해졌다. 지금도 카타르나 아랍에미리트의 두바이 같은 곳에는 사냥매를 포함하여 관련 장비를 판매하는 전문 시장이 있을 정도이다. 무슬림들의 매사냥 관습은 최초의 무슬림 왕조인 우마이야 칼리프조 시기부터 확인된다. 페르시아 궁정의 관습을 아라비아의 유목민족 출신 칼리프들이 수용한 결과였다. 우마이야 칼리프조의 칼리프 야지드1세(Yazīd I, 재위 680-63)나 왈리드2세(Walīd II, 재위 743-744)는 당시 열렬한 매사냥 애호가로 유명했다. 압바스 칼리프조 시기에는 투르크 군사노예 즉 맘룩(mamlūk)들이 대거 유입되었고, 훗날 이들이 지방 정권을 장악하고 술탄(Sultān)이 되면서 매사냥은 무슬림 세계에서 더욱 유행하게 되었다.

한편 무슬림 사이 유행하던 매사냥은 십자군 원정을 통해 유럽에도 전파되었다. 레반트(Levant) 지역에 도달한 유럽 왕족, 귀족들이 아랍인들과의 접촉 과정에서 매사냥 풍습을 받아들였기 때문이다. 13세기 대표적인 유럽의 매사냥 관련 저작물은 신성로마제국 프레데릭 2세(Frederick II)의 책 『새들을 이용한 사냥 기술에 대하여(De arte venandi cum avibus)』였다. 이 책은 당시 유럽세계에 소개되어 라틴어로 번역된 모아민(Moamyn)의 아랍어 저작뿐 아니라 아리스토텔레스의 아랍어 번역본 역시 광범위하게 인용하고 있다. 유럽에서 인기가 높았던 매의 품종 세이커(Saker)라는 용어 자체가 아랍어로 '매'를 뜻하는 사크르(Saqr)에서 유래한 것이다.

이후 르네상스 시기를 거치면서 매사냥은 유럽에서 귀족들의 중요한 레저활동으로 자리잡았다. 당시 제작된 회

사진 3. 프레데릭 2세의 책 『새들을 이용한 사냥 기술에 대하여(De arte venandi cum avibus)』의 삽화 (출처 : 위키미디아)

화나 직조품(tapestry)에는 유럽 귀족들이 기르던 매와 개를 이끌고 사냥하는 모습들이 생생하게 묘사되어 있다. 흥미롭게도 이르면 유럽 귀족 여성들도 적극 매사냥에 참여하게 된다. 14−15세기 바이에른 지방의 귀족 여성이었던 엘리사벳(Elisabeth Isabeau de Bavaria)에 따르면, "유럽 왕실 여성들 가운데 매사냥을 즐기지 않는 이가 없다"고 할 정도였다.

■ 몽골제국 매사냥과 송골매의 인기

한편 13세기 유라시아 대륙 대부분을 장악한 몽골제국 시기는 매사냥이 가장 꽃피웠던 시기였다. 라시드 웃딘의 『자미 알 타바리히(Jāmiʿ al-Tavārīkh)』 혹은 속

칭 『집사(集史)』에는 칭기스칸이 가장 총애하던 자신들의 부하들에게 그들이 생각하는 최고의 즐거움과 쾌락이 무엇이냐고 물었을 때, 이들이 한결같이 매사냥이라고 대답했던 점에서 몽골 군주 뿐 아니라 귀족들도 매사냥에 매료되어 있었음을 알 수 있다. 마르코 폴로의 『동방견문록』이나 『원사』를 비롯한 중국 측 기록에는 원 세조 쿠빌라이가 얼마나 매사냥을 좋아했는지 잘 드러난다.

이 시기 매사냥 풍속에 일어난 중요한 변화는 '송골매'의 전세계적 유행을 일으켰다는 점이다. 북극해 인근 지역에서 서식하는 송골매는 사냥술이 뛰어날 뿐 아니라 고유의 흰 색 깃털로 인해 유라시아 전역에서 인기를 얻었다. 영어로 '저펠콘(gyrfalcon)', 러시아어 '크레쳇(krechet)'으로 불리지만 한국어를 포함하여 아랍어, 페르시아어, 몽골어, 만주어 등 아시아 언어에서는 '송쿠르' 혹은 그에 가까운 발음으로 불린다는 점에서 송골매의 문화가 아시아 전역에 공유되었음을 알 수 있다.

사실 송골매에 대한 기록은 몽골제국보다 앞선 거란의 요(遼)나라 시기부터 보인다. 거란인들은 매사냥을 즐겨했을 뿐 아니라 일명 해동청(海東靑)이라고 불린 송골매를 선호했다. 요나라는 중국 동북지역, 혹은 이른바 만주지역 북동부에 거주하던 말갈 – 여진족으로부터 해동청을 징발했는데, 과도한 사냥매 공납이 여진족의 반란을 부추겼다는 해석도 가능하다. 당시 역사자료인 『삼조북맹회편(三朝北盟會編)』에 따르면 요나라 황실과 귀족들 사이 요동 바다에서 나는 진주가 보석으로 인기가 높았는데, 이 진주를 얻는 방법이 해동청과 연관 깊었다. 즉 진주 조개를 먹은 백조를 해동청이 사냥함으로써 획득할 수 있었기 때문이었다. 그래서 거란인들은 만주지방에 거주하던 여진인으로 하여금 아무르강(Amur江)에 위치한 '오국(五國)'으로 불린 부족집단으로부터 해동청을 확보하도록 했다. 그런데 이들 부족집단은 바다 건너 동쪽 지역, 즉 해동(海東)으로부터 해동청을 공급받았다. 여기서 아무르 강 하구에서 바다 건너라고 하면 캄차카(Kamchatka) 반도에 해당한다. 실제 이 곳은 오늘날에도 송골매의 주요 서식지 가운데 한 곳으로 여겨진다.

몽골 제국 시기가 되면 북부 시베리아 지역에서 송골매가 유입되었고, 그에 따라 송골매에 대한 기호는 폭발적으로 증가한다. 당시 예니세이강 유역에 거주하던 키르기즈인들은 칭기스칸을 비롯한 몽골 칸들에게 송골매를 바쳤다. 중국 원대 화가 유관도(劉貫道)가 그린 '원세조출렵도축(元世祖出獵圖軸)'에는 원 세조 쿠빌라이가 자신의 부인 및 측근과 함께 매사냥에 나간 모습을 묘사하는데 왕실 매잡이는 송골매를 대동하고 있다.

몽골제국의 팽창과 함께 송골매의 인기도 유라시아 전역에 퍼져나갔다. 전세계 군주들이 송골매를 애호하게 됨에 따라 유라시아를 횡단 혹은 종단하는 송골매의 거래망이 구축되었다. 북극해에 연한 노르웨이, 그린란드, 아이슬란드, 러시아 및 시베리아 지방은 송골매의 주요 공급처로 부상했다. 13-14세기 유럽인들은 이집트의 맘룩조(Mamlūk朝)나 몽골 치하 이란의 일칸국(Il-Khān國)에 송골매를 공급하고 막대한 보상을 받았다. 몽골 제국을 이어 중앙아시아를 제패한 티무르 제국에 파견된 스페인과 명나라의 사신들도 송골매를 선물로 전달했다.

14세기 동유럽에서 몽골 금장칸국(金帳汗國)의 대리인으로 부상한 모스크바 공국(훗날의 러시아)는 송골매의 공급과 함께 국가가 발전한 양상을 보인다. 이미 15세기 우랄산맥 서부 페름(Perm)과 페초라(Pechora) 지방을 장악하면서 송골매의 중요한 공급원이 되었다. 1550년경에는 송골매를 매매하는 러시아 상인들의 길드가 조직되었다. 이들은 17세기 초까지 이란 사파비조(Ṣafavī朝) 귀족 등 거래처에 거액을 받고 송골매를 포함한 각종 사냥매들을 판매하여 부를 쌓았다.

송골매의 인기와 중요성 때문인지 1618년부터 러시아 정부의 전매 조치가 시행되었다. 러시아 정부의 독점 공급은 아시아 지역에 대한 러시아 왕실의 국제적 지위 향상을 불러왔다. 중앙아시아 우즈벡 칸국은 러시아 군주로부터 송골매를 선물로 받는 반대급부로 러시아 포로 및 노예 송환 등 러시아 측에서 원하는 요구를 들어주어야 했다. 한편 러시아 황제는 영국의 엘리자베스 1세를 포함한 각국의 군주들에게 송골매를 선물하여 환심을 샀다. 물론 중앙아시아 우즈벡 칸국이나 이란 사파비조 군주들도 송골매를 러시아로부터 받으면 다시 인도 무굴 황제에게 선물하여 비슷한 효과를 노렸다.

■ 매잡이 재상의 출현

이렇게 유라시아 대륙 곳곳의 왕실에서 매사냥이 유행하고 송골매와 같은 희귀종이 거래되었던 것은 역사적으로 어떤 의미를 가진다고 할 수 있을까? 무역품이나 외교 사절단의 선물로 유라시아 동서남북을 횡단하는 장거리 교역의 주요 물품이었다는 점에서 '비단'이나 '차'와 같은 역할을 했던 것도 중요하다. 그러나 무엇보다 매사냥이 중앙유라시아 곳곳에서 정치적인 변화를 이끌어냈다는 점을 강조할 필요가 있다. 여기서 필자는 매잡이 재상이라고 하는 독특한 제도의 출현을 소개하고자 한다.

왕실 매잡이가 한 나라의 재상의 지위에 오르게된 점을 이해하기 위해서는 먼저 궁장(宮帳) 정치라고 하는 독특한 중앙유라시아 정치 관습을 이해할 필요가 있다. 중앙유라시아 유목제국의 군주들은 많은 경우 화려한 제국 수도의 왕궁에서 머무는 것이 아니라 조상들의 전통을 따라 여름에는 초원에서 유르트(Yurt) 또는 게르(Ger)로 불리던 천막을 치고 생활했다. 이러한 군주의 텐트는 특별히 '오르두(Ordu)'라고 불렸는데, 오르두 즉 궁장(宮帳)에서의 생활은 유목군주와 그의 가족을 위한 필수 비서진 및 경호인력이 필수적이었다. 몽골제국에서 케식(Keshig)이라는 명칭으로 불린 이들 숙위(宿衛)들은 군주의 요리사, 우산 받치는 자, 의복관리자, 화살통 관리자 등 칸의 일상생활에 필요한 비서의 일을 수행했다. 그런데 이들이 군주의 최측근이다보니 국정에 깊은 영향력을 행사하지 않을 수 없었다. 제국 각지에서 들어온 보고서나 결재 사안은 궁장의 비서격인 이들 숙위들을 통해 구두보고 혹은 결재되는 경우가 많았기 때문이었다.

이러한 유목 군주의 숙위 가운데 중요한 직책 중 하나가 사냥매의 관리자였다. 몽골제국 시기 '시바우치(Shibauchi, 한자어로 昔寶赤)'으로 불린 이들은 케식, 즉 숙위의 일원으로 몽골 군주가 매사냥을 나갈 때 근접 거리에서 수행했다. 따라서 몽골 군주의 매잡이 '시바우치'는 다른 케식 직책과 마찬가지로 황제의 명령을 전달 도는 집행하는 경우가 많았고, 이로 인해 중국 정주 행정체계상의 재상을 뜻하는 승상(丞相)의 지위를 가진 것으로 간주되기도 했다.

유목 군주의 사냥매 애호와 궁장 정치에 대한 인식은 특히 19세기 중앙아시아에 건설된 왕조들의 역사를 이해하는 데 필수적이다. 19세기 중엽 중앙아시아를 석권한 부하라(Bukhārā)의 망기트(Manghit) 왕조를 포함한 중앙아시아의 여러 칸국들은 쿠쉬베기(Qūshbegi) 혹은 코쉬베기(Qoshbegi)라는 독특한 관직을 운영하고 있었다. 훗날 1865년경부터 중앙아시아에 진출한 러시아인들은 이 관직이 국정 전반을 관장하는 점에서 재상 혹은 총리로 묘사했다. 그런데 19세기 초반의 현지 기록에는 쿠쉬베기 혹은 코쉬베기는 군주의 사냥 특히 매사냥을 담당하는 관리로 직무가 명시되어 있었다. 이를 두고 많은 학자들은 매잡이가 어떻게 재상이 될 수 있는지 의문을 표시하고 그러한 기록을 잘못된 것으로 여겨왔다. 그러나 앞에서 살펴본대로 몽골제국 시기 이래로 중앙유라시아 국가들에서 매사냥이 갖는 중요성과 이를 관리하는 군주의 매잡이가 갖는 영향력을 고려한다면, 쿠쉬베기 혹은 코쉬베기가 재상직을 수행하는 것은 전혀 이상하지 않다. 페르시아로 '새'를 뜻하는 '쿠쉬'나 투르크어로 '장막'이나 '텐트'를 뜻하는 '코쉬'에 장관을 뜻하는 '벡(Bek)'을 합쳐 만든 이 직위는 중앙유라시아 전통의 매사냥 풍습이 낳은 역사적 산물이었다.

매 사냥 풍습은 새로운 각도에서 중앙유라시아 사회를 바라보게 한다. 사냥매 특히 송골매는 각국 왕정에서 매우 선호했고, 무역품이나 외교 사절단의 선물로 유라시아 동서남북을 횡단하는 초장거리 교역의 주요 물품이 되었다. 또한 유목제국 군주의 곁에서 사냥매를 관리하던 매잡이는 군주의 최측근으로 재상의 지위에 오르기도 했다. 이처럼 매사냥의 풍습과 그에 따른 사냥매 교역은 유라시아 각 사회의 연결과 함께 북방지역 권력 구조 및 정치 제도의 특징을 보여준다는 측면에서 의의가 크다고 하겠다.

04

칭기스칸과 아미르 티무르:

파괴자 or 건설자?

1492년 아메리카 신대륙을 발견한 크리스토퍼 컬럼버스(Christopher Columbus)가 대서양을 횡단하는 긴 항해 내내 마르코 폴로(Marco Polo)의 『동방견문록(Il Milione)』을 손에서 놓지 않았다는 것은 유명한 사실이다. 그러나 마르코 폴로가 생생하게 묘사한 몽골제국의 창시자 칭기스칸과 그의 둘째 아들 차가타이가 건국한 차가타이 칸국의 실질적 계승자 티무르가 세계 사회에서, 특히 유럽에서 어떤 평가를 받았는지는 미처 잘 알려지지 않았다. 이 장에서는 세계적인 정복자 칭기스칸(Chinggis Khan, 한자로 成吉思汗; 1162~1227)과 그보다는 덜 알려져 있지만 현재 중앙아시아 특히 우즈벡키스탄에서 민족영웅으로 추앙되는 아미르 티무르(Amir Timur; 1336~1405), 또는 한국에서 통칭하기로는 티무르(Timur)가 서구 사회에 미친 영향에 대해 살펴보도록 하겠다.

■ 서구사회에 전파된 칭기스칸과 티무르의 '파괴자'로서의 이미지

15-16세기 르네상스 시기를 통해 그리스-로마의 고전에 눈을 뜬 유럽은 16세기부터 심화된 오스만의 침공이라는 특수한 상황 속에서 이슬람 사회에 관심을 갖게 되었다. 특히 1529년과 1685년 오스만 투르크의 비엔나 포위는 유럽 사회에 큰 충격과 함께 동양(Orient)에 대한 새로운 관심을 불러일으켰다. 17세기에는 이슬람과 동양을 다룬 서적들이 특히 많이 출간되었고, 칭기스칸과 티무르도 17세기 후반과 18세기 초에 걸쳐 다양한 서적들을 통해 유럽 독자들에 소개되었다.

이 가운데 단연 프랑스의 학자 프랑수아 뻬띠-들라크루와(François Pétis de la Croix: 1653-1713)의 연구가 결정적이었다. 아랍어 통역이던 아버지를 따라 시리아, 페르시아 및 오스만 투르크 영토를 광범위하게 여행하면서 아랍어, 페르시아어, 투르크어와 아르메니아어까지 섭렵한 그는 1710년 부친의 글을 편집하여 『고대 몽골과 타타르의 최초의 황제, 위대한 칭기스칸의 역사(Histoire du Grand Genghizcan, Premier Empereur des Anciens Mongols et Tartares)』를 출판했다. 또한 샤라프 앗딘 야즈디(Sharaf al-Dīn ʿAlī Yazdī)의 『자파르나마』를 프랑스어로 번역했는데, 이 책은 뻬띠-

들라크루와 사망 후 9년이 지난 1722년에 『위대한 테멀랑이라는 이름으로 알려진 티무르 벡의 역사(Histoire de Timur Bec, connu sous le Nom du Grand Tamerlan)』의 제목으로 출간되었다. 뻬띠-들라쿠르아 책들은 유럽 전역에서 인기를 누렸고, 영어로도 번역되어 칭기스칸의 전기는 1722년, 티무르의 것은 1723년 각각 런던에서 출판되었다.

　뻬띠-들라쿠르아가 서구 사회에 미친 영향력은 칭기스칸과 티무르의 유럽식 명칭이 지금도 그의 표기법을 따른다는 점에서 쉽게 알 수 있다. 필자가 미국에서 유학할 때 학자들을 제외한 일반인들은 '칭기스칸'이나 '티무르'라고 하면 누구를 이야기하는지 잘 알아듣지 못한다는 사실에 당황했던 기억이 있다. 이는 영어로 칭기스칸은 '겐기스칸(Genghis Khan)'으로 아미르 티무르는 '테멀레인(Tamerlane)'으로 더 잘 알려져 있기 때문이었다. 이러한 발음법은 모두 뻬띠-들라쿠르아의 표기법이 광범위하게 받아들여져 관습으로 굳어진 결과였다고 할 수 있다. Genghis Khan은 본래 프랑스 발음으로는 '장기스칸'으로 발음이 되었고 이는 원래 발음인 칭기스칸에 가깝다. '테멀레인'은 티무르가 절름발이였기 때문에 생긴 '절름발이 티무르'라는 뜻의 페르시아어 별명 '티무리랑(Timur-i Lang)'을 옮기는 과정에서 출현한 표기 방식이다.

뻬티-들라크루아의 책들이 환영받은 것은 이미 중앙유라시아의 두 '정복자' 칭기스칸과 아미르 티무르에 대한 유럽인들의 관심이 높았기 때문이었다. 18세기 말 6권의 대작 『로마제국 쇠망사(The Decline and Fall of the Roman Empire)』을 쓴 영국의 역사학자 기본(Gibbon)은 칭기스칸의 표기법으로 뻬티-들라크루아의 '겐기스칸'이 아니라 그보다 앞서 1697년에 출간된 프랑스학자 바르텔레미 데르블로(Barthélemy d'Herbelot)의 『동방의 도서관 혹은 세계백과(Bibliothèque Orientale ou dictionnaire universel)』의 표기법인 '젠기스(Zenghis)'를 선호했다. 그는 데르블로의 책을 광범위하게 인용하는데, 몽골 군대가 메르브, 니샤푸르, 헤라트를 어떻게 철저하게 파괴했고 그 결과 434만 7천 명이나 되는 무슬림이 사망했다는 점도 강조한다. 칭기스칸의 이미지는 이미 유럽학자들 사이에서 '파괴자'의 그것이었다.

티무르의 경우도 이와 유사했다. 시리아의 다마스커스(Damascus) 태생으로 티무르의 시리아 원정을 목격한 이븐 아랍샤(Ibn ʿArabshāh)가 1440년에 쓴 『티무르의 파괴라는 운명의 경이로움(ʿAjāʾib al-maqdūr fi nawāʾib Tīmūr)』은 1636년 라틴어로 번역되어 유럽에 소개되었다. 이 책은 티무르가 정복과정에서 저지른 파괴와 학살을 생생하게 묘사한 것으로 잘 알려져 있다. 물론 10만 명의 인도 포로를 죽이거나 7만 명의 머리로 두개골 탑을 만들었다는 『자파르나마(Ẓafarnāma)』의 뻬띠-들라크루와 프랑스어 번역만으로도 티무르는 충분히 공포스러운 존재로 인식되었다.

칭기스칸과 아미르 티무르의 파괴적인 정복자로서의 이미지는 18세기 계몽주의 시대 더욱 극대화되었다. 미국의 역사학자 잭 웨더포드(Jack Weatherford) 역시 2004년 쓴 『칭기스칸과 근대 사회 만들기(Genghis Khan and the Making of the Modern World)』의 10장에서 언급한 것처럼 몽테스키외(Montesquieu), 볼테르(Voltaire)와 같은 계몽주의자들은 칭기스칸을 '풍요로왔던 아시아를 폐허로 만든' 잔인한 파괴자로 간주했다. 이러한 파괴자의 이미지는 웨더포드가 지적한 것처럼 19세기 인종우생학적으로 몽골로이드(Mongoloid)의 열등함 뿐 아니라 결함이 있다(defective) 못해 사악(evil)하기까지 하다는 평가로 이어졌다.

■ '칭기스칸'과 '티무르'에 대한
   새로운 '건설자'로서의 인식

그런데 흥미롭게도 잭 웨더포드가 근래 쓴 또 다
른 책에는 이러한 '파괴자'의 이미지를 반전시킬 만
한 전혀 다른 이야기가 실려 있다. 2016년 출간한 『칭
기스칸과 신을 향한 여정(Genghis Khan and the Quest for
God)』에서 그는 칭기스칸의 프랑스어·영어판 전기들
이 17세기 영국의 식민지였던 미국으로 유입되어 18세
기 미국의 독립운동에 큰 영향을 미쳤다고 주장했다. 예
를 들어 1691년 프랑스의 여성작가 앤느 드 라로쉬-
길렘(Anne de La Roche-Guilhem)의 『징기스칸, 타타르
의 역사(Zingis, Histoire tartare)』는 미국의 초대 대통령 조
지 워싱턴(George Washington)의 애장서였고, 뻬띠-들라크루
와의 『고대 몽골과 타타르의 최초의 황제, 위대한 칭
기스칸의 역사』는 보스턴으로 수입되었다. 프랑스 문학
을 탐닉하던 벤자민 프랭클린(Benjamin Franklin)은 이
책을 그의 신문에 홍보하며 필라델피아에서 미국 전역
으로 판매하기도 했다. 그 인기가 얼마나 높았는지 구
입자 목록 가운데 미국 독립 선언을 기초한 토마스 제
퍼스(Thomas Jefferson)도 포함되어 있었다. 결론적으로
미국의 헌법 정신인 자유와 평화공존이 칭기스칸의 삶

과 사상, 특히 몽골제국의 종교 관용정책으로부터 적지 않은 영향을 받았다는 것이다.

잭 웨더포드의 이러한 주장은 매우 흥미로우나 추론에 의존하고 증거가 부족하여 사실로 받아들이기 어렵다. 실제 어느 정도 칭기스칸이 미국 독립선언서를 기초하는 데 영감을 주었는지, 무엇보다 칭기스칸이 몽골제국에서 허용한 각 종교의 공존을 미국의 독립운동가들이 제대로 이해했는지 의문이다. 그러나 한 가지 분명한 것은 칭기스칸의 삶과 정치가 결코 파괴자 일변도로 유럽 및 미국의 독자에게 받아들여지지는 않았다는 사실이다.

티무르 역시 18세기 유럽에서 파괴자로만 이해되었던 것은 아니었다. 인도 무굴 제국의 창시자인 바부르(Bābur)가 티무르의 후손이었고, 영국이 프랑스를 누르고 점차 인도에서 세력을 확장하면서 티무르에 대한 인식도 점차 바뀌어 갔다. 인도 무굴 제국의 전성기를 이끈 악바르(Akbar) 대제 시기 아부 탈립 후세이니(Abū Ṭālib Ḥusaynī)가 발견하고 페르시아어로 번역했다고 하는 『티무르 어록(Malfuzat-i Timuri 또는 Tuzuk-i Timuri)』의 일부가 1780년 영국에서 『티무르의 민간, 군사에 관한 명령집의 표본(A Specimen of the Civil and Military Institutes of Timour,

사진 4. 우즈베키스탄 사마르칸트에 위치한 아미르 티무르의 무덤
(출처 : 이광태)

or Tamerlane』으로 출판되었다. 이 책은 그간 티무르에 대한 유럽인 특히 영국인들의 인식을 바꾸어 놓았다. 즉 티무르의 군대에는 질서 정연한 규율이 있었고, 그의 통치는 법에 따라 이루어지는 법치에 가까웠다는 점을 인정하게 되었다. 물론 현대 학자들 사이에서 『티무르 어록』의 진위 논쟁이 계속되고 있어 과연 어디까지 어느 정도 티무르의 어록을 믿을 수 있는지 불확실하다. 그러나 몽골제국을 창설하고 발전시킨 칭기스칸의 어명

이 자삭(Jasaq)이라고 하는 법조항의 위치를 차지한 것처럼, 티무르의 명령도 '법'으로 엄격하게 집행되었을 것으로 보아도 이상하지 않다.

오늘날 대다수의 역사학자들은 칭기스칸이나 티무르가 파괴자인 동시에 건설자였다는 사실에 동의한다. "몽골세계제국"이나 "팍스 몽골리카(Pax Mongolica)"와 같은 표현은 이제 상투적으로 들린다. 티무르 제국 또한 우즈베키스탄의 사마르칸트에 남아있는 아름다운 건축물에서 여전히 그 아름다움과 영광을 느낄 수 있다. 세계 각지의 기술자들이 제국의 중심부에 모여 당시에는 혁신적이었던 기계장치나 물건들을 생산해냈다는 기록은, 칭기스칸과 티무르가 이룩한 제국이 인류문명 전체의 차원에서 동서문화 교류 실현의 장이었음을 보여준다. 그러나 이러한 역사도 혹자에게는 가슴 아픈 기억이자 잊혔으면 하는 기록일 것이다. 사마르칸트의 아름다운 건물들이 모여있는 레기스탄(Registan) 너머에 남은 아프라시압(Afrasiab)의 폐허는 파괴와 건설이 반복되어 온 인류의 역사를 단적으로 보여준다.

역사 연구의 가치는 현재와 미래의 방향을 제시한다는 데 있다. 몽테스키외와 볼테르가 외면했던 칭기스칸은 벤자민 프랭클린과 토마스 제퍼슨에게는 종교 공존의 새로운 사회에 대한 영감을 불어넣어 주었다. 절름발이 티무르의 어록은 18세기 영국인들에게 인도 지배의 꿈을 꾸게 했다. 과거의 역사는 새로운 자료의 발굴과 해석을 통해 미래를 바꿀 수 있는 원동력을 제공한다. 중앙아시아의 광활한 초원과 고도의 기술력을 갖춘 정주사회의 격동적인 역사는 한반도에 갇힌 우리가 새롭게 발견할 영감의 원천이 될 수 있다. 마르코 폴로가 『동방견문록』 한 권으로 아메리카를 발견한 것처럼 한 권의 책으로 꾼 꿈은 우리 모두를 포스트 코로나 시대의 새로운 개척지로 인도해줄지도 모른다.

몽골제국의 동서문명 교류와
세종대왕의 천문학

2021년 6월 서울 종로구 공평동에서 1600여 점의 조선 초기 유물들이 발굴되어 세간의 관심을 끌었다. 가장 스포트라이트를 받은 것은 한글 금속활자였다. 그러나 이에 못지않게 세종 시대 만들어진 것으로 보이는 천문 과학기구의 부품들 역시 학계의 주목을 받았다. 세종대왕 시기 천문학의 발전은 한글 창제와 함께 당시 조선의 높은 과학 수준을 보여주는 증거로 흔히 언급된다. 그러나 또한 간과해서는 안 될 것은 조선 초기 천문학 발달이 13세기 몽골제국 시기 발생한 전 세계적인 지식의 교류와 연관 깊었다는 사실이다.

몽골제국은 정복 전쟁의 결과물로 생성된 세계제국일 뿐 아니라 동·서 문명이 만나는 교류의 장이기도 했다. 전쟁, 지리, 역사에 대한 지식뿐 아니라 음식, 의약, 천문학 등 다양한 분야에서 세계 각지의 인적, 물적 자원이 이전과 비교할 수 없이 활발히 교환되었다. 이 가운데 천문학 분야의 교류는 우리에게도 적지 않은 영향을 끼쳤다.

■ 동·서 문명에서 천문학의 중요성

천문학은 유라시아 각 지역에서 사회적, 정치적으로 중시된 학문이었다. 중국이나 우리나라를 비롯한 동아시아 국가들에서는 유교의 영향을 받아 이른바 '천인감응(天人感應)'의 사상이 널리 퍼져있었고, 그에 따라 제왕들은 하늘의 변화를 읽고 민심의 이반을 막는 데 노력을 기울였다. 무엇보다 역법(曆法)을 제작하여 반포하는 것은 정치적인 의미가 컸다. 한 왕조를 기준으로 수천, 수만 년을 과거로 거슬러 올라갈 뿐 아니라 미래를 예측하는 역법은 단순한 과학기술의 집적일 뿐 아니라 시간을 다스릴 수 있는 천명(天命)의 증거였기 때문이다. 이러한 이유에서 역대 왕조는 소수점 이하 13자리까지 계산하여 과거와 미래 천체의 움직임을 제시했고 이를 위해 전문가들을 채용, 양성하지 않을 수 없었다.

사마천의 『사기(史記)』를 비롯한 중국 '정사(正史)'에 수록된 '천문지(天文志)'에는 당시 각 정권에서 천문학을 담당하는 관리들이 있었고 이들이 천체 변화에 관해 상세한 기록을 남겼다는 것을 알 수 있다. 우리나라에서도 신라의 첨성대나 고구려의 별자리 지도 등은 늦어도 삼국시대부터 천문학이 발전했음을 보여준다.

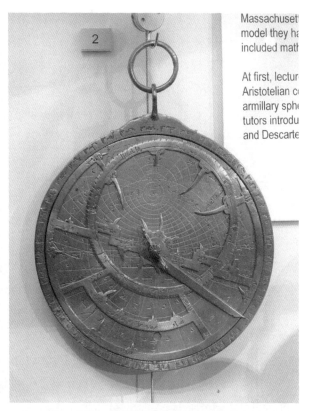

Massachuset[...]
model they h[...]
included math[...]

At first, lectur[...]
Aristotelian c[...]
armillary sph[...]
tutors introdu[...]
and Descarte[...]

사진 5. 별과 태양의 위치를 측정하여 메카(Mecca)의 방향을 알려주는 무슬림들의 천체관측기구 아스트로랍(Astrolabe)
(출처 : 위키미디아)

한편 서아시아에서도 별자리가 인간 세상에 영향을 끼친다는 이론은 널리 퍼져있었다. 고대 메소포타미아-페르시아 문명에서 천문학은 중요한 위치를 차지했다. 성서에서 동방박사, 즉 페르시아 학자들이 별을 보고 아기 예수의 탄생을 에견했다는 이야기는 이러한 천문학의 융성을 반영한다. 7세기 이슬람의 확산과 함께 형성된 무슬림 사회에서도 천문 관련 지식들은 '무나짐(munajjim)'이라고 하는 천문학자들을 통해 계속 연구되었다.

■ 몽골제국 시기 동·서 천문학의 융합

이러한 배경에서 서아시아와 동아시아를 통합하는 유라시아 제국을 건설한 몽골 제국 시기 동서 천문학의 활발한 교류는 어떻게 보면 자연스러운 일이었다. 칭기스칸이 몽골제국 건국한 1206년에서 4대 대칸 뭉케(Möngke)가 사망한 1259년 사이 기간 몽골제국은 북중국의 금(金)나라와 서하(西夏)를 정복하고 중앙아시아의 호레즘샤(Khwārezm Shāh) 왕조를 물리친 이후 러시아와 페르시아, 이라크, 시리아 지방을 석권했다. 이러한 단계적 확장의 과정에서 다양한 북중국, 중앙아시아, 서아시아-페르시아 인사들이 몽골 조정에 가담하여 복무하게 되었는데, 그 가운데 천문학 전문가들도 포함되어 있었다.

먼저 몽골제국 초기에는 몽골에 문자를 전수한 위구르인(Uyghur人, 한자어로 回鶻人으로 표기)들이 천문학 분야에서도 활약했다. 그러나 곧이어 야율초재(耶律楚材)와 같은 거란의 요(遼)나라나 여진의 금(金)나라 출신 지식인들이 몽골 조정에 등용되었다. 사실 몽골 2대 대칸 우구데이(Ögödei) 치세 재상 가운데 한 명으로 중요한 역할을 한 야율초재가 신임을 얻게 된 것도 그의 천문학 지식 덕분이었다. 그는 당시 금(金)에서 사용하던 역법 등을 활용하여 위구르인들이 맞추지 못한 월식의 시기를 정확히 계산해냈고, 그의 능력을 높이 산 몽골 황제가 그를 재상 직위에 발탁했다고 한다.

이렇게 신임을 얻은 북중국 출신 천문학자들은 칭기스칸이나 그의 손자 훌레구(Hülegü)를 따라 중앙아시아와 페르시아에 이르렀다. 예를 들어 1222년 칭기스칸의 초청으로 중앙아시아 사마르칸드(Samarqand)를 방문한 도교 교단 전진교(全眞教)의 장춘진인(長春眞人) 구처기(邱處機)는 그 곳에서 산력(算曆)을 담당하고 천문대를 관장하는 이(李) 씨 성을 가진 인물의 환대를 받았다. 또한 1250년대 훌레구의 페르시아−이라크−시리아 원정에 동행한 푸만지(Fūmanjī; 이 표기법에 대해 다양한 반론이 존재한다. 페르시아어 사본에 따라 다른 식의 표기도 가능하기 때문이다)라는 이름의 중국학자는 중국 천문가들 가운데 하나로 언급되었다. 그는 페르시아어로 싱싱(singsing)

으로 불렸는데, 이는 중국어 선생(先生), 즉 당시 도교를 신봉하던 도사(道士)들을 지칭하는 호칭이었다. 이를 통해 그가 장춘진인 구처기처럼 도사였음을 짐작할 수 있다. 도사들은 의술, 특히 장생술(長生術) 뿐 아니라 별자리를 읽고 하늘의 기운을 이용하는 데 능통한 것으로 여겨졌다.

그런데 이러한 중국 측 천문학, 특히 도술의 일환으로 점성술에 가까운 양식은 이내 무슬림 과학자들의 천문학으로 대체되었다. 그 계기가 되었던 것은 1256년 훌레구가 암살자로 유명한 이스마일리(Ismaʿīlī)파의 본거지인 라마사르(Lammasar)를 정복했을 때, 당시 그 곳에 잡혀 있던 학자 나시르 앗딘 투시(Naṣīr al-dīn Ṭūsī)를 구출하면서부터였다. 그는 이스마일리파의 요구로 천문학을 연구하고 있었는데, 그를 통해 다양한 천문기구와 천문학을 접한 몽골 군주 훌레구는 이후 자신의 궁정에 동서를 막론하고 지리학, 천문학, 수학 등의 과학자들을 불러모으기 시작했다.

훌레구의 천문학에 대한 높은 관심은 당시 서아시아를 장악한 몽골 왕조인 일칸국(Īl-Khān國)의 수도 타브리즈(Tabrīz) 남쪽에 위치한 마라가(Marāgha)에 1264년 천문대를 세운 것에서 잘 드러난다. 마라가 천문대에는 당시로는 최첨단 장비를 갖춘 천체 관측소와 도서관 및 다양한 부속 건물이 조성되었다. 이 곳에서 나시르 앗딘 투시와 중국에서 온 푸만지는 함께 일하며 중국과 페르시아의 천문학의 성과를 통합하여 『지즈-이 일카니(Zīj-i Īlkhānī)』 즉 '일칸의 천문표'라고 알려진 천문표를 만들어냈다.

『지즈-이 알카니』에 소개된 '중국-위구르인들이 사용한 역법'은 중국 역대 왕조에 사용하던 공식적인 역법이 아니라 중국 민간에서 활용되던 소력(小曆)이었던 것으로 보인다. 동지가 아니라 입춘을 한 해의 시작으로 한다든지, 복잡한 계산을 바탕으로 한 중국의 정식 역법과 달리 소수점 네 자리에서 계산을 마무리하는 만분법(萬分法)을 사용한다든지 하는 것이 주요한 근거이다. 특히 당나라 시기 제작한 부천력(符天曆)과의 유사성에 주목할 만하다. 흥미로운 것은 부천력(符天曆)을 제작한 조사위(曹士蒍)라는 인물이 중앙아시아 소그드(Sogd) 지방 출신일 가능성이 있다는 것이다. 만약 이 가설이 사실이라면 중앙아시아 역법의 영향을 받은 중국 역법이 다시 이란-페르시아에 영향을 미쳤다고도 볼 수 있다.

몽골제국 시기 천문학의 발전은 아미르 티무르와 그의 후손들의 제국, 즉 티무르조에도 계승되었다. 현재 우즈베키스탄의 제2도시 사마르칸트(Samarqand)에는 티무르의 손자 울룩벡(Ulughbeg)의 천문대 유적이 남아있다. 울룩벡은 1402년 이 천문대를 건설하면서 잠쉬드 기야쓰 앗딘 알카쉬(Jamshīd Ghīyāth al-Dīn Al-Kāshī) 같은 천문학자로 하여금 『지즈-이 하카니 (Zīj-i Khāqānī)』 즉 '카간의 천문표'를 편찬하게 했다. 1445년에는 울룩벡이 직접 『지즈-이 술타니 (Zij-i Sultānī)』라는 천문표를 저술했다.

한편 몽골제국의 5대 대칸 쿠빌라이가 중국의 정치 관습에 따라 원(元)이라는 국호를 취한 이후 천문학 분야의 교류는 원나라 조정을 중심으로 활발히 전개되었다. 1267년 중앙아시아 혹은 페르시아계로 알려진 자말 앗딘 (Jamāl al-Dīn)이라는 무슬림 천문학자가 초청되어 쿠빌라이를 위해 7가지 종류의 천문관측기구를 만들고 이를 바탕으로 만년력(萬年曆)이라는 역법을 만들었다. 쿠빌라이는 1271년에는 자말 앗딘과 40여 명의 인원으로 구성된 무슬림 천문학 연구 기관인 회회사천대(回回司天臺)를 원의 또 다른 수도 상도(上都)에 설치하는데, 여기서 제작된 역법인 회회력(回回曆)이다. 1280년 원의 곽수경(郭守敬)이 제작하여 원나라 공식 역법으로 반포된 수시력(授時曆)은 자말 앗딘의 회회력을 참고하여 만들어졌다.

■ 몽골제국 천문학이 고려 말 조선 초 우리 천문학에 미친 영향

이러한 무슬림 천문학의 관측 기구와 각종 역법의 발전은 중국 뿐 아니라 우리나라 천문학 발전에 적지 않은 영향을 끼쳤다. 몽골은 수시력이 제작되고 난 이 듬해인 1281년 1월부터 제국 전역에 사용을 명했는데, 몽골에 정치적으로 복속한 고려도 이러한 조치에 포함되었다. 문제는 수시력 가운데 천체의 움직임, 즉 해와 달, 그리고 태양계의 육안 관측한 다섯 곳의 행성에 대한 계산법이 제대로 전파되지 않았다는 데 있었다. 고려에서 최성지(崔誠之)라는 학자를 원에 보내 산술법을 배워오게 했으나, 어찌된 영문인지 그 계산법이 제대로 전해지지 않았던 것이다. 더구나 중국 북경지방을 중심으로 제작된 역법이다보니 한반도의 경우 일식(日蝕) 등의 측정에 오차가 발생했고 이를 수정할 필요가 있었다. 이러한 어려움은 명나라가 건국되고 새롭게 시행하게 된 대통력(大統曆)에서도 계속되었다. 왜냐하면 대통력 자체가 수시력의 체계를 대부분 물려받아 큰 차이가 없었기 때문이었다.

이를 교정한 이가 바로 세종대왕과 그가 후원한 학자들이다. 세종은 정인지(鄭麟趾)를 필두로 일련의 학자들로 하여금 역법을 수정하도록 했는데 그 결과물이 『칠정산 (七政算) 내외편』이다. 이름에서 볼 수 있듯 해, 달과 다섯가지 행성을 합한 일곱 개의 천체에 대한 완벽한 계산을 의미하는 『칠정산』은 먼저 1444년 내편이 간행되었고 이후 외편이 발간되었다. 먼저 수시력과 대통력의 계산법을 기준으로 천체의 운행에 대한 계산법을 서술했는데 그 연구 결과를 『칠정산(七政算) 내편』이라는 이름으로 간행했다. 그런데 이를 보완할 필요가 생겨 재차 연구를 진행한 것이 『칠정산 외편』이다. 이 외편의 바탕이 된 것은 바로 자말 앗딘이 만든 회회력(回回曆)에 대한 연구였다.

조선 세종 시기 천문학의 발전은 천체 관측 기기의 제작에서 두드러졌다. 세간에 알려진 대로 해시계, 물시계를 포함하여 많은 천문학 기구가 관노(官奴) 출신 장영실(蔣英實)에 의해 제작된 것은 잘 알려진 사실이다. 그러나 관기(官妓)였던 그의 어머니와 달리 장영실의 아버지가 원나라 사람이었다는 사실은 아직까지 부각되지 않은 것 같다. 어쩌면 장영실이 천문학 기구 제작에 능숙했던 것도 아버지의 영향 때문이었을 가능성이 있다. 실제 장영실은 세종의 명을 받아 선기옥형(璇璣玉衡)으로 불리던 천문관측기구를 제작하기 위해 다른 천문학자 윤사웅(尹士雄), 최천구(崔天衢)와 함께 중국으로 파견되는데, 그의 출신이 중국 내 천문기구 제작자들과의 소통을 원활히 하는 데 도움이 되었을지도 모른다. 이후 귀국한 장영실은 혼천의(渾天儀)를 만들었고 이를 선기옥형이라고 불렀다.

더욱 주목할 만한 것은 세종의 명을 받아 장영실이 제작한 간의(簡儀)였다. 세종실록에는 경회루 북쪽 담장 내측에 대(臺)를 쌓고 설치했다고 한다. 사실 혼천의 혹은 혼의는 중국 고전에 언급되었고 서경대전(書經大全)과 같은 곳에는 그림도 나와 있는 등 중국에서 이전부터 사용된 것이었다. 그러나 이란-페르시아의 천문학의 영향을 받아 개량된 것이 바로 간의였다. 원나라의 곽수경(郭守敬)이 제작한 간의(簡儀)는 실제 관측에 활용될 정도로 실용적이었고, 이를 장영실이 도입한 것이었다. 1432년 세종의 명으로 제작된 간의를 통해 한양이 위도 38도에 있음을 측정할 수 있었다고 한다. 세종은 이외에도 일성정시의(日星定時儀)라는 기계를 통해 해와 별의 움직임을 통해 시간을 측정하는 기구도 만들었다. 이 역시 페르시아에서 유입된 천문관측기구를 참고하여 만든 것으로 보인다.

이렇게 몽골제국 이란-페르시아와 중국을 아우르는

세계 각지의 천문학 지식의 교류는 조선에도 영향을 미쳤다. 경천애민(敬天愛民)을 통치 철학으로 삼은 세종대왕 시기 천문학의 발전은 사실 몽골제국 시기 이루어진 아랍—페르시아와 중국 사이 천문학의 융합이 없었다면 불가능했을 것이다. 조선의 독창적인 기술 발전은 강조할 만한 사실이지만, 동시에 당시 세계적인 과학 발전의 흐름에 조선이 소외되지 않았을 뿐 아니라 오히려 적극 동참했다는 점 역시 잊지 말아야 할 것이다.

06

19세기 유럽 열강의 침입에 맞선
조선과 중앙아시아의 두 지도자,
흥선대원군과 아미르 나스룰라

19세기 한반도와 중앙아시아는 근대화의 물결과 식민지배라는 세계적인 물결에 직면한다. 이 시기 중앙아시아 사람들이 갖던 고민을 한반도의 우리 민족도 인식하고 있었고, 문제를 해결하기 위한 아이디어 역시 다르지 않았다. 특히 19세기 중엽 아시아에 영향력을 확대하던 세계 열강에 맞서 조선의 흥선대원군, 중앙아시아의 아미르 나스룰라 같은 국가 지도자들은 나라를 지키면서도 생존을 위한 변화를 추구했다.

■ 19세기 유럽 열강의 식민지 확대에 직면한 한반도와 중앙아시아

19세기는 세계적 격동의 시기였다. 전반기에는 유럽 전역에서 증기기관을 기반으로 산업화가 진행되었다. 영국에서 건설되기 시작한 철도는 프랑스나 독일에 막 도입되고 있었다. 러시아의 경우 철도는커녕 증기기관을 통한 산업혁명 역시 아직 싹을 틔우는 단계에 불과했다. 그러나 정치적으로는 나폴레옹 체제가 붕괴하고 러시아와 영국 사이 이른바 '거대한 게임 혹은 '그레이트 게임(Great Game)'이라는 유라시아 전역에 걸친 전략적 경쟁 관계가 형성되고 있었다.

중앙아시아는 이러한 '거대한 게임'의 중심부에 있었다. 칭기스 칸의 후예들이 '칸'의 권위를 가지고 다스리던 우즈벡 칸국은 18세기 유목 부족 집단의 도전을 받아 붕괴되었다. 이후 여러 지역에 걸쳐 부족 집단을 기반으로 부하라, 코칸드, 히바 칸국과 같은 왕조들이 생성되었고, 이들은 자체적으로 경쟁하면서 영토의 확장을 꾀했다. 이러한 중앙아시아의 혼란스러운 정국을 틈타 시베리아에서부터 러시아가, 그리고 인도로부터는 영국이 영향력을 확대했다.

영국과 러시아가 '거대한 게임'을 펼친 이유를 살펴보면, 영국의 입장에서는 러시아의 팽창에 맞서 영국령 인도를 방어하기 위해 페르시아, 아프가니스탄, 중앙아시아, 중국의 신장, 티베트의 현지 정권을 연결하려는 전략적인 고려가 바탕에 있었다. 러시아는 시베리아 동쪽 끝까지 길게 뻗은 영토 내 거주하는 무슬림들을 장악하고 이들의 반러시아 움직임을 억제하기 위해서라도 영국의 영향력을 차단하고자 했다. 특히 빠른 산업화로 경제적으로 우월했던 영국산 물품들은 이미 인도에서 중앙아시아로 수입되고 있었다. 이를 차단하는 동시에 중앙아시아를 신흥 러시아산 제품의 시장으로 삼으려 했다.

이러한 러시아와 영국 사이 '거대한 게임'이 전아시아적 규모였던 만큼 중앙아시아 뿐 아니라 조선 역시 이러한 세계적인 정치·경제 변혁의 흐름에서 벗어날 수 없었다. 1842년 아편전쟁 이후 청나라가 급속하게 쇠퇴하고 영국 등 유럽열강의 세력 확대와 러시아의 남하에 속수무책으로 굴복하면서 조선의 위치는 매우 중요해졌다. 특히 1854년 일본을 개항시킨 미국이, 1858년 프랑스의 베트남 침공 이후 프랑스가 동아시아의 식민지 및 시장 개척에 뛰어들면서 조선 역시 서구 열강의 도전에 직면하게 되었다.

이렇게 세계적인 정치·경제적인 변화의 흐름 속에서 중앙아시아와 조선의 대응이 유사했던 것은 매우 흥미로운 일이다. 중앙아시아의 패자(霸者)로 부상한 부하라(Bukhara) 망기트 왕조의 지도자 아미르 나스룰라와 조선의 어린 국왕을 보좌한다는 명목에 실질적으로 국사를 좌우한 흥선대원군의 정책은 특히 주목할 만하다.

■ 서구의 침략에 맞선 두 군주, 흥선대원군과 아미르 나스룰라

먼저 조선의 경우를 살펴보면, 근래 흥선대원군 이하응(李昰應, 1820-1898)에 대한 역사적 인식과 평가는 점차 바뀌고 있다. 이전에는 쇄국정책을 대표하는 인물로 여겨졌었다. 그러나 '쇄국'이라는 용어가 일본에서 유래했을 뿐 아니라 구한말 '쇄국정책'이라는 역사적 개념 자체가 일본의 식민사학에서 유래했다는 인식이 점차 강조되고 있다. 대신 대원군이 추구했던 '부국(富國)'의 목표와 이를 이루기 위한 정책의 실체를 분석하는 데 초점이 맞춰지고 있다.

중앙아시아 부하라 칸국의 아미르 나스룰라(Amīr Nasr Allāh, 재위 1827-1860)는 흥선대원군과는 달리 직접 군주로서 왕조를 통치했다. 그러나 그 역시 후대 역사가들에 의해 부정적 묘사되어 왔다. 영국 등 서구권에서는 1842년 영국령 인도 정부에서 파견한 2명의 외교 사절을 처형한 사건으로 인해 아미르 나스룰라를 폭군으로 규정했다. 20세기 소련의 역사가들은 그에게 '도살자'라는 별명을 붙이고 이를 대대적으로 확대 유포했다. 이는 중앙아시아의 전통 사회를 '폭정'이 난무한 '후진적' 사회로 규정하면서도, 러시아의 식민 역사를 '근대화'로 미화하려 했

امير نصرالله بهادر خان

Эмиръ Насръ-Улла Бахадуръ Ханг

사진 6. 러시아 외교관 하늬코프(Khanykov)의 저서에 실린 부하라 군주 아미르 나스룰라의 초상
(출처 : N. V. Khanykov, *Opisanie Bukharskago Khanstva*, 1843)

기 때문이었다. 그러나 근래 현지 사료를 분석한 연구 결과에 따르면 아미르 나스룰라 역시 대내적으로 스스로

부족한 정통성을 보충하기 위해 개혁을 추구했고, 대외적으로는 외세의 침입에 맞선 군주였다고 평가하고 있다.

두 사람의 정책은 다음과 같은 면에서 유사점을 보인다. 첫째, 두 사람 모두 당시 기득권을 가지고 있던 엘리트층을 개혁하려 했다. 둘째, 외세의 영향력을 인지하고 국가를 방어하려 했다. 셋째, 외세에 맞서기 위해 군사력을 키웠고 이를 위해 사회 개혁과 조세 제도의 개편을 추구했다.

흥선대원군의 경우 원래 철종 사후 당시 권력을 장악했던 안동 김씨 가문이 자신들의 기득권을 유지하기 위해 추대했던 고종의 아버지였다. 그는 왕가의 계통으로나 개인적 행실로나 명문 세가의 권력에 해가 되지 않을 만한 인물로 여겨졌다. 하지만 고종이 즉위하면서부터 대원군은 기존 세도 문벌들의 권력 구조를 깨뜨리기 위해 다양한 개혁을 추진했다. 먼저 삼군부(三軍府)를 만들어 무력을 장악했다. 그리고 안동 김씨들이 실권을 장악하던 비변사(備邊司)를 폐지하고 의정부(議政府)에 자신을 지지하는 인사들을 배치함으로써 명문세가들의 권력 기반을 약화시켰다. 또한 전국 1700여 개의 서원(書院) 가운데 일부를 제외하고 폐지했는데, 이 역시 선비들이 붕당을 이루어 정치를 좌우한 구습을 혁파하기 위한 것이었다.

중앙아시아의 아미르 나스룰라 역시 역시 당시 권력의 상층부를 구성하던 부족 집단 출신 귀족들의 권력을 약화시키고자 노력했다. 그는 1827년 선왕의 사망이후 형제들과 계승 투쟁을 벌였다. 다른 형제들이 수도 부하라 시민들과 농경민들을 지지 기반으로 했던 것과 달리, 아미르 나스룰라는 대대로 조정에서 높은 관직을 누려왔던 유목민을 포함한 우즈벡 부족 집단의 지지를 받았다. 그 결과 무력으로 부하라에서 다른 형제들의 도전을 물리치고 왕좌에 앉을 수 있었다.

그러나 집권 후에는 조정 대신의 직위를 차지한 부족 수장들의 권력을 축소하려 했다. 이를 위해 왕의 비서실장 혹은 총리 격이었던 쿠쉬베기(Qushbegi, 또는 코쉬베기Qoshbegi)의 직에 있던 무함마드 하킴(Muhammad Hakim)이라는 자를 통해 귀족들을 견제했다. 무함마드 하킴은 당시 러시아와의 무역을 행정적으로 규제함으로써이를 통해 부를 축적한 부족 수장 출신 귀족들을 약화시켰다. 이후 점차 무함마드 하킴의 권한이 커지자 이번에는 아미르 나스룰라가 그를 제거하고 친정(親政) 체제를 구축하게 된다.

둘째, 외교정책에 있어서도 조선의 대원군과 부하라

의 아미르 나스룰라 모두 실용주의적 입장을 견지했다. 병인양요와 신미양요, 두만강 유역 접경지 관리 문제 등을 통해 프랑스, 러시아, 미국 등 서양의 강대국과 접촉한 대원군의 외교 정책을 보면 단순한 쇄국 정책으로는 설명이 되지 않는다는 것이 학계의 중론이다. 오히려 서양 강대국을 잘 알고 교섭을 통해 국익을 실현시키려 했던 것으로 보인다. 병인양요의 원인이 되었던 병인사옥은 프랑스 선교사들의 정치 개입에 따른 조선의 대응으로 평가된다. 미국과는 제너럴 셔먼호 사건 이후 조난선 문제에 오히려 미국에 우호적인 입장이었던 것이 당시 외교 문서를 통해 드러났다. 러시아와의 국경 문제에 있어서도 당시 러시아 영토로 도주하여 정착한 조선인들의 송환을 각서까지 써주면서 치밀하게 진행되는 데에서 쇄국정책과 상반되는 모습을 보인다. 실학파의 사상적 흐름 속에서 개화론자로 간주되는 박규수(朴珪壽) 같은 인물을 통해 적극적인 외교를 펼친 것도 대원군이었다. 이렇게 대원군의 주도면밀한 외교술은 청나라의 『해국도지(海國圖志)』와 같은 서적을 통해 습득한 서양에 대한 지식을 기반으로 가능할 수 있었다.

물론 대원군 집권 후반기로 갈수록 대원군파에 속하

는 고위직 인사들 가운데 기존 명문세가인 안동 김씨 출신 인사들의 발언권이 커지면서 조선의 외교정책이 위정척사로 기울어지기도 한다. 그러나 1860년 북경 함락 이후 서양 국가들에 대한 경계심과 우려를 갖고 있던 조선의 입장에서 볼 때, 국내정치에 개입하고 강화도를 포격하는 등의 서양 열강들의 조치가 적극적인 반외세 정책을 촉발시켰다고도 할 수 있다.

중앙아시아 역시 러시아와 영국 사이 세계적인 패권 경쟁의 무대였던 만큼 서양 강대국의 압력을 받았다. 아미르 나스룰라는 1842년 영국 사절단을 처형하여 오명을 얻었지만, 당시 자료를 분석해보면 아미르 나스룰라의 극단적인 정책은 1839년부터 수년간 지속된 영국의 아프가니스탄 침공에 대한 두려움에서 비롯되었던 것으로 보인다. 아프가니스탄과 국경을 맞닿은 부하라는 아프가니스탄을 무력 점령한 영국 측 스파이를 경계할 수밖에 없었고, 영국의 침략 의도에 대해 의심한 결과 영국 사절단을 처형하는 데 이르렀던 것이다. 오히려 몇 년 앞선 1830년대 초중반 부하라를 방문한 영국 사절단에 보여준 우호적인 태도는 아미르 나스룰라가 외국에 근본적인 적대감을 가지고 있었던 것은 아니었음을 방증한다. 이외에도 각기 다른 시기 부하라를 방문한 영국, 러시아인들의 기록에서 당시 부하라 측에서 보인 환대와 함께 부하라 지도층 내 서양에 관한 관심과 지식이 지속적으로 증대되고 있었다는 사실을 확인할 수 있다.

셋째, 대원군과 아미르 나스룰라는 외교술 뿐 아니라 근대화된 신식 군대를 건립하기 위해 노력했다. 대원군이 추구한 국방력 강화는 총포의 개발과 총수의 양성에 집중되었다. 총포의 사용이 전쟁에서 결정적인 역할을 하게 된 것은 이미 임진왜란·병자호란 시기 경험했던 일이었다. 그러나 오랜 평화의 시기 가운데 조선에서 전쟁에서 승리하기 위한 총병·포병의 양성은 19세기 후반 본격적으로 이루어졌다. 1866년 병인양요를 겪은 이후 대원군은 포군의 병력증강에 힘을 기울였다. 그 결과 전국에 3만 명에 가까운 총병−포병이 배치되었고, 강화도에만 3천명이 넘는 병력이 배치된 진무영(鎭撫營)을 설치하여 외국 함선이 서울로 들어오는 입구의 방어를 강화했다.

이러한 총병−포병부대를 확대하기 위한 국가 재정을 마련하기 위해 관세를 강화하고 호포법을 실행하는 등의 정책을 펼쳤다. 특히 기존의 상민층에 과세되던 군포제도를 확대하여 양반층에도 세금을 부과했다는 측면에서 호포법(戶布法)의 시행은 사족층의 특권을 철폐하려는 시도와 일맥상통하는 것이었다.

중앙아시아의 경우 아미르 나스룰라는 유럽식 신식군대 사르바즈(Sarbāz)를 창설한 것으로 유명하다. 당시 오스만 제국과 카자르(Qājār) 페르시아에서 운영 중이던 니잠이 자디드(Nizām-i Jadīd)라는 군대를 본 따 만든 신식군대로 특히 압둘사마드('Abd al-Ṣamad)라는 페르시아 출신 장교를 영입하여 지휘를 맡겼다. 비록 페르시아나 러시아에서 포로로 잡혀 끌려온 자들 위주로 구성된 부대였지만, 영국 및 러시아 군대의 훈련법을 도입했다는 점에서 당시로는 획기적이었다. 보병과 포병으로 구성된 사르바즈는 이후 코칸드(Khoqand) 칸국과 같은 다른 중앙아시아 왕조를 정복하는 데 활용되었다. 무엇보다 당시 중앙아시아 군사력의 대부분을 담당하고 있던 부족 집단 출신 기병들을 기반으로 권력을 휘둘렀던 귀족층을 견제하는 효과가 컸다.

이렇게 19세기 중엽 유럽 열강의 식민지 확대에 맞서 대원군과 아미르 나스룰라는 오랜 기간 이어져 내려온 자신들의 국가를 지키려 했다. 후대 역사가들은 이들이 추구한 자주 정책이 당시 이미 세계적으로 대세가 된 근대화 흐름에 역행하는 것이었다고 비난한다. 하지만 이들 국가지도자들은 주권을 빼앗기지 않으면서도 변화하는 서양 문물을 이해하고, 또 신식군대를 포함하여 일부 제도는 선별적으로 받아들이려 했다. 이러한 자주성과 외국 문화나 문물에 대한 선별적 수용은 사실 오늘날 우리에게도 꼭 필요한 태도이다. 무엇보다 19세기 서구에서 비롯된 근대화라는 파도에 당당히 맞선 경험을 공유한다는 측면에서 한반도와 중앙아시아 사이 또 다른 중요한 역사적, 문화적 접점이 존재한다고 할 수 있을 것이다.

07

타국의 식민 지배 아래에서
사회 개혁을 부르짖은
한반도의 민족 계몽운동과
중앙아시아의 자디드 운동

중앙아시아와 한반도의 공통된 역사적 경험 가운데 현대를 사는 우리에게 가장 큰 영향을 미친 것은 외국의 식민 지배를 경험했으면서도 독자적인 근대화를 이룩해왔다는 점일 것이다. 문맹 퇴치, 전통 사회의 구습 철폐와 함께 근대화된 사고방식의 습득을 위해 벌인 사회 문화 운동은 한반도와 중앙아시아 모두 식민 치하 민족정신을 일깨워 결국 독립을 이루는 데 결정적인 역할을 했다. 이 장에서는 20세기 일본과 러시아의 식민지배 속에서 사회 개혁을 추구한 우리의 민족 계몽운동과 중앙아시아의 자디드 운동에 대해 살펴본다.

■ 항일 무장투쟁과 함께 진행된 민족 자강 운동

2021년 8월 우리 정부의 요청과 카자흐스탄 정부의 화답으로 항일 독립전쟁의 지도자 홍범도 장군의 유해가 봉환되었다. 2020년은 봉오동, 청산리 전투 100주년이었고, 비록 코로나19로 간소하게 치러졌지만, 정부 주도로 기념식도 열렸다. 이렇게 독립전쟁에 대한 관심이 고조되어 홍범도 장군을 비롯한 독립군 인사에 대한 역사적 재평가도 시도되고 있다. 드라마, 영화 등이 제작되어 대중의 관심도 높다. 그러나 이러한 무장 투쟁과는 달리 우리 민족의 삶의 질을 개선하기 위한 내적 투쟁, 즉 자강운동에 대해서는 점차 관심이 식어가는 듯하다.

일본의 식민지배 강화로 한반도에서 무장 독립 투쟁이 실질적으로 성과를 거두기 어려운 상황에서 당시 많은 인사들은 독립군에 자금을 제공하는 한편 스스로 강해지자는 자강 운동을 벌였다. 역사학계에서는 '계몽 운동' 혹은 '민족문화 운동'이라는 표현을 사용한다. 일제 치하 사회 개혁을 부르짖은 문화 운동은 인재양성 및 대중 교육을 통해 우리 사회의 근본적인 근대화를 이끌어 냈다는 점에서 매우 중요하다. 무엇보다 민족 계몽 운동이 1915년 대한광복회 설립과 1917년 '대동단결선언'으로 '공화주의'를 표방하고 국민국가의 수립을 목표로 했다는 점에서 향후 대한민국의 정체성을 확립하는 데 결정적인 기여를 했다고 할 수 있다.

당시 민족 계몽 운동가들의 초점은 교육에 맞춰졌던

것으로 보인다. 교육은 엘리트 교육과 대중 교육으로 나뉘는데, 국가지도자 양성은 고등교육기관의 설립과 운영을 통해서, 대중에 대한 교육은 언론을 통해서 이루어졌다. 특히 식민 치하에서 민족정신을 지키기 위해 우리 역사를 연구하고, 우리 말과 글을 교육하기 위한 국학자들과 조선어학회 등 단체의 활동은 맞춤법의 확정, 사전의 편찬과 함께 조선어 강습회 및 농촌계몽 운동으로 활발히 전개되었다. 이는 1930년대 초 언론사 등을 중심으로 한글 보급을 통해 문맹 퇴치를 추구한 '브나로드 운동'으로 이어졌다.

한편 1920년대부터는 사회주의 사상의 영향으로 많은 독립 운동 및 계몽 운동가들이 일제의 식민지배 타파와 '계급투쟁'을 동일시하기 시작했다. 1925년 조선공산당이 조직된 이후 기존의 계몽-민족 운동노선과 함께 신간회를 구성하게 되었다. 1930년대에는 소규모 그룹이 조직되어 노동, 농민, 형평, 여성, 학생 운동 등을 전개했다. 1940년대 학생조직은 2차 세계 대전이 발발한 상황에서 독립군과 유사한 조직 체계를 갖추었던 것으로 보인다.

그러나 이러한 민족 계몽 운동은 일제의 탄압을 받기 일쑤였다. 1920년대 온 국민이 십시일반으로 모금 운동을 진행한 민립대학 설립 운동은 결국 일제의 허락을 받지 못하고 좌절되었다. 매년 5000명이 넘는 학생들이 참가한 브나로드 운동은 1835년 조선총독부의 명령으로 금지되었다. 우리 말을 연구하고 가르쳐 민족의식을 고취했던 조선어학회는 1942년 '조선어학회사건'으로 해산되고 학자들은 옥고를 치렀는데, 그 가운데 이윤재(李允宰), 한징(韓澄) 같은 분들은 일제의 고문 끝에 옥사하고 말았다. 그럼에도 불구하고 한글이나 우리 역사에 대한 교육과 계몽 운동은 실제 일제 치하 한반도 주민들의 삶을 변화시켰고, 무엇보다 민족정신을 고취함으로써 독립과 그 이후 역사 발전에 이끄는 역할을 했다고 할 수 있다.

1865-1868년에 걸친 러시아의 침략으로 식민지로 전락한 중앙아시아의 역사적 경험 역시 우리와 크게 다르지 않았다. 일제의 식민지배 아래 놓인 한반도와 마찬가지로 러시아의 식민지가 된 중앙아시아에서 무장 투쟁은 한계가 있었다. 오히려 우리의 자강운동과 같은 사회 내적인 근대화를 추구하는 움직임이 컸다. 이를 가리켜서 '자디드(Jadid) 운동' 혹은 '자디드주의(Jadidism)'라고 일컫는다.

사진 6. 무슬림 보수주의자들에게 자디드 운동은 배척의 대상이
었다. 중앙아시아 무슬림 근대운동이었던 자디드 잡지 물라 나
스렛딘 표지 (출처 : 위키미디아)

■ 중앙아시아 민족자강운동이었던
  자디드 운동

'자디드'라는 용어는 페르시아어로 '새로운'이라는 형용사이지만, 무엇보다 '신식', 즉 '근대식'을 뜻하는 '우술-이 자디드(Usuli Jadid)'라는 표현의 약칭이기도 했다. '자디드 운동가'또는 간단히 '자디드'들은 무슬림의 삶에 근대라고 하는 새로운 형태의 삶의 방식을 정착시키는 것을 목표로 했다. 이들은 서구 열강의 식민지의 처지가 된 다른 지역 지식인들의 유사한 근대화 운동의 영향을 통해 영감을 얻었을 수 있었다. 당시 영국의 식민지였던 인도뿐 아니라 오스만제국, 이란, 이집트 등 국가들의 근대주의 사상이 투르키스탄(Turkestan) 지역, 즉 러시아 치하 중앙아시아 지역에도 전파되었다.

특히 중앙아시아의 자디드들은 같은 러시아의 지배를 받던 흑해 북안 크림반도와 돈강-볼가강 유역에 있던 타타르인들의 영향을 짙게 받았다. 몽골제국의 후예로 15세기 중반까지 러시아의 전신격인 모스크바 공국을 압도하던 타타르인들은 이후 볼가강 유역의 중심도시 카잔(Kazan)과 아스트라한(Astrakhan), 그리고 크림반도 지역에 근거지를 둔 정치집단으로 나뉘었고, 16세기에는 각각 러시아와 오스만 제국에 복속하게 된다. 이후 러시아 치하 타타르인들 사이 19세기 근대화의 물결 속에 러시아와 오스만 측의 근대화 프로그램에 영향을 받은 무슬림 근대주의자들이 등장하게 된다.

자디드들의 근대화 운동은 우리의 일제 치하 민족계몽 운동처럼 교육의 개혁에서부터 시작되었다. 타타르 출신 무슬림 근대주의자였던 이스마일 가스피랄리(Ismail Gaspirali, 러시아어 표기로는 가스프린스키 Gasprinskii)가 주창한 '신식' 학교는 러시아령 중앙아시아 지역에서도 곳곳에 창설되었다. 기존의 이슬람 성직자를 배출하기 위한 교육기관인 마드라싸에서 쿠란과 이슬람 신학서를 아랍어나 페르시아어로 암송했던 전통 방식과 달리, 수학·지리·역사 과목과 구어인 투르크어를 가르치는 '신식' 교육이었다. 1917년 러시아의 볼셰비키 공산혁명 발생 직전에는 약 100곳의 신식학교에서 1만명에 가까운 중앙아시아 무슬림들이 근대적 지식을 배웠다. 그 가운데 함자(Hamza), 오이벡(Oybek)과 같은 우즈베키스탄 현대문학가들이 배출되었다.

또한 중앙아시아의 자디드 운동가들은 언론을 통해 대중들에게 근대화의 소식을 전하려 했다. 이를 위해 구어인 투르크어의 역할은 매우 중요했다. 마치 일제 강점기 조선어학회의 학자들이 우리 말과 한글을 통해 문맹을 퇴치하려 했던 것처럼, 중앙아시아 지식인들도 문어인 아랍어나 페르시아어가 아닌 투르크어를 현대화하여 문학어로 삼으려 했다. 당시 오스만 제국에서 쓰이는 투르크어인 오스만어와 중앙아시아-투르키스탄 지역에서 쓰인 투르크어를 뜻하는 차가타이어는 달랐다. 그러나 그 중간 연계자 역할을 자처한 타타르 지식인들에 의해 두 투르크어 방언은 연결되었다.

이러한 통합 투르크어가 발전하면서 이스마일 가스피랄리가 출간한 신문 『번역가(Tercüman)』는 중앙아시아에서 널리 읽혔다. 이외에도 『투르크의 땅(Turk yurdi)』이나 『사이라(Sayra)』와 같은 투르크인들의 단합을 호소하는 이른바 '범투르크주의(Pan-Turkism)' 잡지들도 중앙아시아에서 유통되었다. 중앙아시아 자디드들도 스스로 『거울(Oyna)』, 『투르키스탄의 목소리(Sadoy Turkiston)』 같은 신문, 잡지를 발행하여 중앙아시아 무슬림 사회의 개혁을 호소했다.

문맹 퇴치와 근대화 교육과 같은 맥락에서 연극은 자디드 운동가들이 주의를 기울였던 활동 영역이었다. 당시 중앙아시아 자디드 문학가 베흐부디(Behbudiy)의 『부친살해(Padarkush)』는 1911년 희곡으로 발표된 이후 연극으로 중앙아시아 곳곳에서 공연되었다. 무슬림 사회의 근대 교육에 대한 무관심과 그에 따른 무지의 만연을 고발하는 이 작품은 당시 중앙아시아 청년들에게 큰 충격을 주었고, 계몽 운동이 더욱 확산되는 데 결정적인 불씨가 되었다. 이외에도 압두라우프 피트라트(Abdurauf Fitrat) 같은 사상가·문학가들도 계몽적 내용의 희곡을 집필하여 연극으로 상연했다.

이렇게 학교와 잡지가 다양한 무슬림 근대화 운동가를 생성하고 그들의 사상을 전파하는 통로가 되었다면, 이후에는 문학 써클 등 다양한 형태의 조직이 구성되어 각 지역 근대화 주의자들의 논의의 장을 제공했다. 1910년대 투르키스탄 동부 페르가나 출신으로 우즈베키스탄을 대표하는 근대시인이었던 출폰(Cho'lpon, 본명은 압둘하미드 술레이만)은 '대화(Gap)'라는 이름의 써클을 만들고 활동했다. 역시 페르가나 동쪽 끝에 위치한 안디잔(우즈벡어 표기로는 Andijon)에는 '진보주의자들(taraqqiyparvarlar)'이라는 그룹이 적극적인 계몽 활동을 펼쳤다.

이외 대학 등 고등기관의 설립을 위해 중앙아시아 근대주의자들 역시 노력했다. 이를 위해서는 당시 부유층들의 도움이 절실했다. 예를 들어 1917년 자디드 운동가들의 모임에서 페르가나 지방에 고등기술학교 설립의 필요성을 역설했는데, 당시 부호(富戶)로 알려진 아흐마

드벡이라는 인물이 거액을 기부함으로써 자금 문제를 해결하게 된다.

이러한 자디드 주의 즉 근대화 운동에 대한 중앙아시아 무슬림들은 다양한 반응을 보였다. 지식인들과 실업가들은 자디드 운동에 적극 호응했다. 하지만 중앙아시아에서 역사적으로 엘리트의 지위를 누려왔던 무슬림 종교 지도층은 근대주의자들을 부정적으로 바라보았다. 이들은 이슬람 종교에 대한 지식을 기반으로 자신들의 특권이 유지하고 있었기 때문에 새로운 근대 학문과 지식을 추구하는 자디드들을 위협세력으로 간주했다.

식민통치자였던 러시아 정부에서도 자디드 운동을 의심의 눈초리로 바라보았다. 이들의 주장을 통해 중앙아시아인들의 민족주의가 발흥하여 러시아 제국으로부터 반란과 독립을 추구하지는 않을까 두려워했다. 특히 오스만-타타르 지식인들 사이에서 유행하던 범투르크주의나 범이슬람주의가 중앙아시아에 확산될 것을 우려했다. 결국 1915년 대대적인 정부의 탄압에 따라 자디드 신문과 잡지들은 줄줄이 폐간되었고, 좌절한 자디드들은 공산 혁명을 포함한 과격한 정치적 해결 방법을 모색하기 시작했다.

자디드들이 선택한 정치적 방향은 각양각색이었다. 1917

년 소비에트 공산혁명이 발생하자 몇몇은 소비에트 공산혁명 정부에 가담하였다. 하지만 많은 수의 자디드들은 소련으로부터 중앙아시아 독립을 추구했다. 그러나 구러시아 제국의 총독부가 위치해 있던 타쉬켄트(Tashkent)에 공산정권이 들어서면서 자디드들이 꿈꾸던 중앙아시아의 독립 계획은 산산조각나고 말았다. 소련 성립 초기 높이 평가받던 자디드 출신 공산주의자들도 1930년대 스탈린에 의해 숙청되고 만다. 이른바 '민족주의자 자디드'와 그 '잔존분자'에 대한 숙청 작업은 2차 세계대전을 거쳐 1953년 스탈린 사망 시까지 계속되었다. 이러한 역사적 굴곡 때문인지 1991년 소련이 붕괴되고 중앙아시아 5개국이 독립할 때까지 자디드들의 발자취는 크게 거론되지 않았다. 1991년 독립 이후에서야 중앙아시아 국가들이 자신들의 근대화 노력을 발굴하면서 자디드들의 업적도 재조명되었다.

과연 이러한 자디드들의 활동에 대해 어떻게 평가할 수 있을까? 역사학자들은 자디드들의 성공보다는 실패에 주목하는 것 같다. 다양한 스펙트럼과 목표, 그리고 이들이 꿈꿨던 서로 다른 근대화 방향은 오히려 자디드 운동이 통일되지 못하고 분열되는, 그래서 공산 혁명 이후 소련 정부에 각개 격파되어 버린 점을 지적한다.

그러나 이러한 자디드들의 노력과 현실의 괴리감은 또 다른 측면에서 일제 치하 한반도의 계몽 운동가들을 떠올리게 한다. 전통 사회의 파괴자로 손가락질 당하면서도 식민 정부의 핍박을 받았던, 그러면서도 교육, 언론, 그리고 그룹 결성을 통해 식민지로 전락한 고국의 근대화와 사회 개혁을 위해 힘썼기 때문이다.

　　한반도와 중앙아시아의 민족문화 운동은 식민지배 속에서 민족의 근대화와 발전을 통해 민족정신을 고취하고 궁극적으로 독립을 꿈꿨던 젊은 지식인들의 노력이라는 공통 분모를 가지고 있다. 이러한 자강운동은 20세기 치욕의 역사를 겪은 한반도와 북방지역 사이 혹은 식민지배를 경험했던 다른 지역을 아우르는 역사의 보편성을 보인다는 점에서 매우 중요하다. 무엇보다 1945년 한반도의 독립, 1991년 중앙아시아 국가들의 독립의 바탕에는 자신의 민족을 세계 어느 국가에 견주어 부끄럽지 않은 사회로 만들고자 하던 두 지역 '선각자'들의 피땀 어린 노력이 있었다는 점을 잊지 말아야 할 것이다.